교육자치 시대의
인사제도 혁신

교육자치 시대의
인사제도 혁신

김성천 · 신범철 · 홍섭근 지음

테크빌교육

왜 교원 정책과
교육전문직원에 대한 이야기인가

2019년 12월 27일 「공직선거법」 개정안이 국회를 통과하면서 선거 연령이 만 18세 이상으로 확대되었다. 교육부에 따르면 2020년 4월 총선에서 2002년 4월 16일 이전에 태어난 약 14만 명이 선거권을 갖게 되었다. OECD 국가에서 우리나라만 유일하게 만 18세 청소년의 선거권이 없었는데, 이번 법률안 개정을 통해 대한민국 고등학생 일부에게도 선거권이 주어졌다. 일부에서는 만 18세 청소년의 선거권을 두고 '준비도 안 된 애들에게 무리수'라는 얘기가 나왔지만, 한편에서는 선거권에 관한 교육을 받아야 한다는 얘기도 나오고 있다. 그렇다면 만 19세 이상 청년이나 성인은 언제부터 준비가 되었고 교육을 받았는가에 대한 의구심을 갖지 않을 수 없다. 권한을 준 적도 없으면서 자격부터 운운하는 것은 문제가 있다.

만 18세 선거권이 어떤 나비효과를 일으킬지는 두고 보아야겠지만, 보수적인 교육계에 선거권을 가진 고등학생이 생긴다는 것은 큰 의미

를 가진다. 벌써부터 교사의 정치적 중립의 의무를 없애야 한다는 목소리가 나오고 있다.1

이제 고등학생도 교육자치와, 교육정책, 교원에 대한 평가도 할 수 있다. 평가를 넘어서 심판도 할 수 있고, 세력화할 수 있을 것이다. 우리가 머물러 있던 과거와는 다른 모습이 앞으로 펼쳐질 것이다.

법과 제도는 안정적인 것을 추구한다. 법 해석을 유연하게 적용할 경우 국민의 피해를 우려해서다. 또한 법학자들은 준비되지 않은 법률은 무의미하다고 말한다. 그러나 국민이 준비되기까지 기다린다면 법과 제도는 시대의 흐름에 뒤처지고, 여론의 눈높이에 맞지 않게 될 것이다. 음주운전으로 인명 피해를 낸 운전자에 대한 처벌 수위를 높이는 내용의 일명 '윤창호법'인 「특정범죄 가중처벌 등에 관한 법률 개정안」이나 일명 '김영란법'의 「청탁금지법」, 어린이보호구역(스쿨존) 내 신호등 및 과속단속 카메라 설치 의무화 등을 요구하여 어린이 교통안전을 강화하는 내용을 담은 일명 '민식이법' 등은 법과 제도를 통해 우리 사회가 빠르게 변화하는 모습을 보여 준다.

'4차 산업혁명'과 '미래사회'는 최근 대표적인 화두이다. 교육계도 미래사회를 빼놓고는 더 이상 이야기할 수가 없다. 미래사회를 어떻게 표

---

1 이에 대해서는 책 『미래교육이 시작되다』(테크빌교육)에서 의견을 나타낸 바 있다. 「헌법」의 기본권적인 측면에서 공무원·교원의 정치 중립은 있을 수 없다는 것이 개인적 생각이다.

현하느냐에 따라 정책 방향이 달라질 수 있겠지만, 시급한 문제로 미래사회를 말하면서 학령인구 감소를 빼놓을 수 없다는 점이다. 정부는 2006년부터 저출산 문제를 해결하기 위해 268조라는 천문학적인 돈을 쏟아부었지만 출생아 수는 더 하락하는 추세이다. 문재인 정부 시작 이후 3년 동안 저출산·고령화 정책에 116조 8천억 원을 들였다고 하지만, 2019년 출생아 수 30만 명대에 합계 출산율은 0.91명 정도이다. 더욱 심각한 것은 현재 인구 감소 현상은 젊은 층에게는 위기감으로 작동하지 않는다는 것이다. 내 대에서 고달픈 생활을 끊어야 한다는 생각을 하기에 이르렀고, 과반수 이상이 출산과 결혼에 대해서 회의적이라는 설문조사가 쏟아지고 있다. 출산율이 앞으로 더 줄면 줄었지 늘어날 상황이 오기는 어렵다고 본다.

인구 감소는 국가적인 재앙에 가깝다. 지금 내 앞의 일이 아니라고 생각할지 모르지만, 특정 지역에서는 지역 자체가 소멸할 것이고, 아주 먼 미래에는 대한민국이 소멸할 수도 있다. 실제로 세계 유일의 초고령화 사회인 일본은 300년 안에 없어진다는 연구 결과가 있는데, 대한민국의 현재 출산율이면 그 이전에 나라가 없어질 가능성이 높다. 일부에서는 인구 감소가 축복이라고 말하는 이들이 있지만, 저출산고령사회위원회에서 보고한 「2050년 한국 인구 피라미드」에 2050년이면 65세 이상이 40%이고, 14세 이하가 9%라는 예측 결과가 나오는 시점에서 축복이라고 말하기는 현실적으로 쉽지 않다. 노인의 복지·의료비에 써야 하는 비용이 급증하는 반면, 세금을 낼 수 있는 생산가능인구가 줄어드는 것

이 명확하기 때문이다.[2]

  현실이 이러하니 교육계에도 그 파급력은 상당하다. 쉽게 숫자로 접근해 보자. 통계청 장래추계인구에 의하면 2017년 272만 명이던 초등학생 숫자는 2067년 125만 명으로 예측되고 있다. 당장 약 10년 후인 2030년에는 초등 교사 5만 명이 남는다는 계산이 나온다. 2019년 4월 정부가 발표한 2019~2030년 중장기 교원 수급 계획에 따르면, 정부는 2030년까지 임용시험을 통해 선발하는 공립학교 교사 신규 채용 규모를 초등 교원은 2018학년도보다 약 14~24%, 중등 교원은 33~42% 줄이기로 한 바 있다. 2020년부터 범부처 협의를 개시하고, 2021년 2분기부터 중장기 교원 수급 계획도 수립한다는 계획이다. 2022년부터는 교대·사범대 등을 평가해 교원 양성 규모도 조정한다고 밝혔다.
  강력한 개혁을 통해 교원 정책을 바꾸는 것 같지만 대부분 다음 정부에 떠넘기는 식이고, 현실성 있는 정책이나 제도의 도입은 이루어지지 않는다. 지금껏 다음 정부, 다음 사람, 다른 기관이 교원 정책을 해결할 것이라고 넘겨 왔지만, 실제 다음이 되면 그다음을 말하고는 한다. 골든 타임을 번번이 놓치고 있다. 외과적인 수술을 해야 하는 상황에서 단순 약 처방으로는 병이 낫기 어렵다. 지금의 교원 정책은 과거를 답습하며

---

2 물론 반대 의견을 말하는 이들은 단순노동은 인공지능으로 대체되어 인간이 노동할 필요가 없다고 주장하지만, 그것은 노동을 하지 않아도 되는 일부 SES(socioeconomic status)가 높은 계층의 논리에 불과하다는 의견도 있다.

근본적인 해결책을 제시하지 못하고 있다. 해법이 없는 것도 아닌데 외면하고 있는 것이다. 정책은 개선되지 않을 확률이 높다. 누구도 책임지지 않는 병폐가 사회 깊숙이 자리 잡고 있기 때문이다.

한편 교원단체는 저마다의 생각으로 각자 다른 목소리를 내지만 "인구가 줄어들든, 학생 수가 줄어들든 교원을 감축해서는 안 된다."는 목소리는 같다. 이렇다 보니 일부 시·도 교육청에서는 학생 수보다 교원의 수가 많은 기형적인 소규모 학교가 늘고 있다. 가령 중학교 한 곳의 교원 수는 12명인데, 학생 수는 10명인 곳이다. 초등학교는 교원 수가 더 늘고 있다. 앞으로도 교원 수가 수없이 늘어날 것인데, 교원의 자리는 손대지 말라는 것에 수긍이 가지 않는 것은 비단 학부모만이 아니다.

학교와 교육청은 학생이 있기에 존재한다. 존재의 이유는 학생이다. 학생이 없어지면 구조조정하는 것이 자연스럽다. 서울과 6대 광역시의 도심 폐교 현상만 하더라도 그 속도와 규모가 지속해서 늘고 있다. 2020년 1월 교육부 지방교육재정알리미에 따르면 1982년부터 2019년 3월까지 서울과 6대 광역시에서 문을 닫은 초·중·고교는 총 182곳이다. 같은 기간 경기도는 166곳이 폐교하였다.

일본의 경우 홋카이도의 유바리夕張 시 지방자치단체가 파산한 경우도 있다. 1960년대에는 11만 명 인구의 지자체였는데, 2017년에 1만 명 이하로 감소하여 자체적으로 규모를 유지하기 힘들었다. 공무원 월급의 40%를 삭감하기도 했고, 현재는 학교가 3곳밖에 남지 않았다. 미국 미시간 주의 최대 도시이자 대표적인 공업도시인 디트로이트 시가 파산한 전례도 있다. 물론 일본과 미국의 경우는 근본적으로 원인은 다르지만, 양측 동일하게 공무원 숫자를 줄였고 구조조정했다.

우리나라 역시 인구구조가 급변하면 법률이 어떻게 바뀔지 모르고, 현재처럼 공무원 수를 늘리기만 할 수는 없다. 언젠가는 구조조정이 불가피할 것이다. 교원도 그로부터 자유로울 수 없다. 이미 사립학교(사학재단)에서는 학령인구 감소로 정규 교사를 거의 뽑지 않고 정원 외 기간제 교사를 채용하고 있다. 향후 10년 내로 학령인구 급감으로 인해 고등교육기관(대학, 대학원)은 40~50%가량 구조조정할 것이라는 얘기가 나오고 있다. 전문가들 사이에서는 이것은 낭만적인 예측에 가까워, 실제로는 그 이상이 될 것이라고 보기도 한다. 인구(학령인구) 감소가 유·초·중등 교육에 미치는 영향력은 우리가 생각하는 것 이상으로 크고, 그 영향은 10년 이내에 엄습해 올 것이다. 예상보다 빨라질 가능성이 있어 미리 대비할 필요가 있다고 본다.

초등 교원의 경우 교사 한 명이 전 과목을 가르치기 때문에 전체적인 수급 관리에 크게 어려움을 겪지 않고 있지만, 중등의 경우는 과목별 표시 과목이 존재하여 교원 수급에 어려움을 겪고 있다. 주요 교과뿐만 아니라 비교과나 소수 교과도 어려운 상황이다. 이러한 현상은 지속적으로 가속화하고 있다.

아울러 고교학점제의 시작으로 교원 정책을 개편할 수밖에 없는 상황이 올 것이라 예상한다. 교육부는 2025년에 고교학점제 일반화를 예고하고 있다. 이것이 꼭 위기라고 볼 수 없지만, 중등 교원은 자신의 표시 과목과 연관된 한두 과목만 가르치는 시대는 끝났다고 보아야 한다. 교원이 교·사대에서 배웠던 지식으로만 가르칠 수 없는 시대가 도래한 것이다. 교원의 재교육은 이제 생존 및 전문성과 직결될 것이며, 앞으로 선택의 기준은 교원의 전공이 아닌 학생들의 요구가 될 것이다.

아직 교원 정책의 밑그림이 그려지지 않아 정확히 말하기는 어렵지만 교원자격증 제도 개편과 교사 재교육이 핵심 정책이 되지 않을까 생각한다. 지금까지 중앙정부든, 시·도 교육청이든 교육정책을 말하는 데 있어 교원 정책은 거의 꺼내 들지 않았다. 전시행정을 통해 생색은 내고 싶지만, 실효적인 정책 개선은 미루고 싶은 욕망을 드러낸 것이다. 그동안 우리가 익히 알아 왔던 정책들이 취지는 좋았지만 용두사미에 그친 것은 결국 교원 정책을 손대지 않았고, 그로 인해 정책이 교육과정 내에 스며들지 않았기 때문이다.

교원 정책 중 교원 양성에 대해서 가장 많이 연구되고, 활발하게 논의되어 왔다. 각 정권마다 교원 양성제도 개편에 대해서 논의하였는데, 아쉽게도 실제적으로 교·사대가 개편된 사례는 거의 없었다. 교·사대의 변화가 가장 컸던 때를 말하자면 노무현 정부 시기 교원 정년이 단축(65세에서 62세로)되면서 교원의 급격한 명퇴를 막고자 추진했던 '중초교사' 정책 정도를 꼽을 수 있다. 이것 이외의 교·사대 개편은 거의 형식적으로 이루어졌고, 실제적으로 국민이나 학생들의 체감도는 낮았다.

실제로 관련 연구를 통해 현직 교원의 인식 수준을 들어보면 2, 30년 전이나 지금이나 교·사대 교육과정은 거의 개편되지 않았음을 알 수 있다. 중등보다 초등이 교육의 전문성을 말하면서 독과점 체제를 유지하고 있는데, 과연 그 전문성이 무엇인지 정의된 바는 거의 없다. 이들이 말하는 전문성은 대략 '엄격한 질 관리가 되고 있으니 전문성은 문제없다.'는 논리이다. 아쉽게도 그 전문성이 무엇인지는 모호하다. 전교 1등이 교대에 가니 전문성이 있다고 말하는 선발 효과 이외에 그 전문성을 설명하는 연구는 거의 없었다.

교·사대의 교육과정 개편은 학교폭력, 성폭력 예방 등 의무 이수해야 하는 교육 내용의 일부에만 변화가 있었고, 그 뼈대는 그대로이다. 양성 과정이 전문성을 담보하기 어렵다 보니 예비 교사들은 별도의 노력을 통해 17개 시·도 교육청의 교원 임용시험을 준비해야 한다. 교·사대의 교육과정에 충실하기만 하면 되는 것이 아니고, 노량진 사교육이나 인터넷 강의를 수강하고 스터디를 따로 꾸려야 한다는 뜻이다. 이미 연구를 통해 교·사대 양성 과정은 교사자격증을 주는 기관 외에는 기능을 상실했다고 봐야 한다는 현직 교원의 이야기가 많이 나오고 있다.

교원 임용시험 정책도 시·도 교육청이 필요한 인재를 선발하는 시험임에도 불구하고, 1차 시험은 한국교육과정평가원에서 대학교수 중심으로 위탁하여 대행해서 치르고 있다. 학교 현장에 크게 쓰이지 않는, 즉 실용적이지 않은 지식을 위해 모든 예비 교사가 머리 싸매고 책상 앞에서 씨름하고 있는 것이다. 이렇게 해서 임용시험에서 1등을 한다고 해도 다시 현장에서 새로운 지식을 배워야만 한다. 한마디로 줄 세우기 위한, 평가를 위한 평가라는 이야기다.

물론 이렇게 이야기하면 일부에서는 훌륭한 인재 선발을 위해서 평가하는 것이 무엇이 문제냐고 말할 것이다. 우리나라는 정량적인 평가에 대한 신뢰가 절대적이고, 그 시험을 위한 수험생의 노력을 간과해서는 안 된다는 것이다. 맞는 말이다. 그러면 그 시험을 학교 현장에 필요한 교사의 역량 중심으로 바꿀 수는 없는 것인가? 이미 경기도교육청에서는 교원 임용시험 2차 자체 출제로 많은 변화를 이루어 냈고, 경기혁신교육에 맞는 인재를 위한 시험을 현직 교원이 출제하고 있다. 이 결실은 여러 시·도 교육청과 교육부 국가교육회의에서 배워 가고 있다. 이것이 상징하는 것은 교육자치 이후의 교육정책은 고민의 깊이만큼 성과를 낼 수 있다는 뜻이다.

인사제도도 크게 다르지 않다. 인사제도가 미치는 영향력을 생각한다면 체계적인 인사정책을 위한 심도 깊은 고민을 해야 한다. 현재 교원 인사제도는 소수의 사람들이 정보를 독점하고, 그 정보를 향유하는 데 문제가 있다. 열심히 하는 교원이 우대받지 못하고, 제도에 순응해서 정보를 독점하는 이들은 우대받는 구조가 되었다. 정책의 이러한 부작용은 교원 모두를 불행하게 한다. 가령, 시험에 최적화되었지만 인성에 문제가 있는 사람이 교원 임용시험에 합격한다면 동료 교원, 학생, 학부모 모두가 불행해질 것이다.

흔히 '장학사'라고 불리는 교육전문직원(장학사·장학관·교육연구사·

교육연구관) 제도는 어떠한가? 동료들과의 관계성은 엉망이고, 수업도 제대로 하지 않는 교원이 교육전문직원에 선발된다면 그 파급력은 교육계 전체에 미칠 수도 있다. 교육전문직원의 경우 그동안 교육청에 근무하면서 많은 역할을 해 왔지만 그 역할이 시대의 흐름에 맞추어 변화했다고 보기는 어렵다는 것이 중론이다. 교육자치 시대에 맞춰 유·초·중등 교육정책은 시·도 교육청이 담당하고 있는데, 그 중추적인 역할을 해야 할 교육전문직원에 대해 집중적으로 탐구하고 정책의 변화에 대해 논의하는 과정이 필요하다. 이는 최근 일어나고 있는 교육자치-일반자치의 연계 흐름에도 중요한 부분이 될 것이다.

교원 정책 중 대표적인 교원 승진제도도 마찬가지다. 문제 있는 교사가 교감을 거쳐 교장이 된다면 그 학교 전체의 분란을 조장할 수 있다. 극단적인 예가 아니다. 교원이라면 문제 있는 신규 교사, 문제 있는 장학사, 문제 있는 교장에 대해서 한 번쯤은 들어 봤거나 경험해 봤을 것이다. 일반화시킬 수는 없지만, 그런 이들을 걸러 낼 수 있는 제도가 있다고 자신 있게 얘기하지 못한다면 그것부터 문제가 될 것이다.

그동안 20여 개 이상의 교원 인사제도를 연구했고, 교원 양성, 교원 임용, 교원 연수제도, 교원 승진제도 등 고민해 보지 않은 제도가 없었다. 그러나 많은 연구에 비해서 실제 정책에 반영된 것은 매우 미미하다. 그렇다고 의미가 없는 것은 아니다. 그중 일부는 교육부나 국가교육회의, 시·도 교육청 정책에 반영되고 있다. 교원 인사제도를 연구하고,

대안을 제시했다는 이유로 비난도 많이 받았다. 안타까운 것은 대부분의 교원이 대안 없이 비난만 하다 보니 '현재 제도가 가장 낫다.'는 결론이 생기거나, 대안을 제시하는 이들을 절대 악絶對惡으로까지 묘사하는 경우가 일반적이라는 것이다. 전례가 남아 어느 누구도 인사제도에 대해 연구하거나 개선하려 들지 않는다. 더욱 많은 보신주의가 작동하고, 현재 제도에 대한 일부분의 수정만이 있다. 이러한 현상이 심화되면 가장 큰 피해는 학생이고, 그다음 피해는 교원이다. 또한 교원은 이익집단으로 비춰지면서 사회적으로 부정적 이미지가 만들어지는 일들이 비일비재하게 생겨난다.

교원 정책과 교육전문직원에 대한 이야기를 본격적으로 언급한 것은 이 책이 처음이라 생각한다. 교육부나 한국교육개발원, 일부 시·도 교육청의 정책연구물은 일부 있었지만, 교원과 교육전문직원의 임용, 인사제도, 연수제도, 양성 과정 등에 대한 본격적인 논의를 시작한 것은 없었다. 연구물이 있어도 정책에 반영되는 것은 손꼽힐 정도였다.

대한민국 교원 정책은 매우 보수적이고 쉽게 바뀌지 않는데, 그 이유는 크게 2가지 정도이다.

첫째, 일하는 방식에 문제가 있다.

일정 부분 정책이나 제도가 바뀌기는 했지만 큰 틀에서 바뀌지는 않았다. 10, 20년 전이나 지금이나 크게 다를 바 없다. 가령 노무현 정부

때 혁신위원회에서 '교사자격갱신제'를 정책으로 들고 나왔지만 시행되지 않았다. 당시에는 2010년 시행이라고 못 박았지만 현재까지도 시행되지 못하고 있다. 교원단체의 반발, 시행 차원의 예산 문제 등 많은 이유가 발생하고, 거기에 따른 문제로 중·장기적인 검토만 하다 끝났다. 또 어떤 경우는 동일한 정책연구만 계속 이루어지다가 담당자나 정권이 바뀔 때까지 검토만 하다 끝내기도 한다. 어쩌면 실제 시행할 의지는 애초부터 없었다고 볼 수 있다. 사실 정책의 변화에 대해 교원의 의견을 들어 보면 70~80%는 긍정적인 생각을 하는 이들이 존재하고, 20~30%는 보수적인 답변을 한다. 대표적으로 승진제도가 그렇다. 그런데 20~30%는 실제 그 제도를 보고 지속적으로 준비했기 때문에 반발이 크고, 다른 교원과 내 의견은 같이 취급되면 안 된다고 생각한다.

둘째, 총괄부서의 전문성 부재이다.

현재 유·초·중·고의 40만 교원은 국가직 공무원인 공립학교 교원과 사립재단 소속인 사립 교원 두 부류가 있다. 모두 교육부가 관할 주무 부처인데, 교육부의 관할 주무 부처에 전문성이 있다고 보기는 어렵다. 인사제도에 대해서 해박한 지식을 갖고 있는 이들도 드물고, 그마저도 몇 년 지나 순환보직으로 업무가 바뀐다. 심지어는 6개월, 1년 이내에 담당자가 바뀌는 경우도 많았다.

교원 정책은 그 역사와 흐름에 대해 알고 전문성을 가져야 한다. 해외 사례에 해박한 지식을 가진 학자까지는 바라지 않더라도, 국내에서 중앙부처와 시·도 교육청이 어떤 정책을 펼쳤는지 정도는 알아야 한다. 그런데 현실은 어떠한지 의문이다. 새로 바뀌는 담당자는 업무 파악조차 제대로 못하고 있고, 교원 정책의 흐름도 제대로 모르는 경우가 많았다. 교원 정책을 총괄하고 있는 부서와 공무원 정책을 총괄하고 있는 부서인 인사혁신처와의 정책 공유도 되지 않는다. 사립학교 교원을 위한 정책이 별도로 나오기 어렵고, 공립학교 교원을 위한 정책은 일반 공무원과의 형평성을 이유로 나오기 어렵다.

대표적인 예가 교원 성과급제도이다. 학교는 그 수만큼 다양한 환경이 존재하고, 급별·규모별로도 특성이 다를 수밖에 없다. 그런데 그런 특수성이 고려되지 않는다. 또한 학교라는 공간에서 성과를 비교한다는 것 자체가 애매모호하다. 그럼에도 일반 공무원은 모두 성과급제도를 운영하니까 교원도 그러해야 한다는 논리를 인사혁신처에서 펼치고 있는 것이다. 진보·보수 교원단체도 모두 성과급제도를 반대하고 있다. 그러나 현실에 맞춰 정책을 개편할 의지는 없어 보인다.

교원은 제도에 순응하는 사람이 아니라 제도를 만들 수 있는 능력을 가진 사람이 되어야 한다. 그것을 위해 치열하게 고민하고, 제도를 유연하게 바꿀 수 있는 능력을 갖추어야 한다. 앞으로 중앙정부, 시·도 교육청에서 심도 깊은 교원 정책을 만드는 데 마중물이 되기를 바라는 마음을 담아 이 책을 쓴다. 적어도 교육정책, 교원 정책을 변화시키기 위해 고민하는 이들에게 영감을 주었으면 한다.

교원은 여론의 목소리를 외면해서는 안 된다. 거대 권력이자 철옹성이었던 검찰 조직도 국민의 요구에 의해 개혁의 칼날이 들이닥쳤고, 공공성을 외면했던 한국유치원총연합회도 어느 순간 폐지의 수순에서 자유로울 수 없었다.

교원은 지금 어떤 상황에 놓여 있는가. 계속 시대의 흐름에 뒤처져 개혁을 미루고 거부하면 어떠한 결과를 기대할 수 있을까. 이 책에서 다루는 내용은 현재 논란이 진행 중이고, 추후 더 많은 논란을 야기할 것이다. 비난과 비판 또한 끊이지 않을 것이지만, 꼭 필요한 이야기이기도 하다.

> 말도 안 되는 지시를 그대로 따르는 검사들을 나는 '자판기 검사'라고 부른다. 위에서 주문하는 대로 만들어 내는 사람을 검사라고 할 수 없지 않나? 그런 사람들이 걸러지지 않고 요직으로 승진하는 시스템은 정상이 아니다. (중략) '괴물을 잡기 위해 검사가 됐는데, 알고 보니 우리가 괴물이구나' 싶었다. 간부들과 동료들에게 띄운 나의 글은 검찰에 대한 나의 연서戀書다. 사랑한다면 포기할 수 없고, 포기할 수 없다면 몸부림쳐 봐야 하지 않겠나.
>
> — 임은정 검사, 현직 검사 첫 언론 인터뷰에서

1장

◇◇◇

교원 인사제도와
교원 정책

제도란 무엇일까

....

우리 역사 최초의 국가 고조선은 이미 반만 년 전부터 '8조법'과 같은 통치제도를 만들어 치국 수단으로 활용했는가 하면, 현 시대의 최강국이라 불리는 미국은 청교도 정신과 기독교 문화라는 비공식 제도를 활용하여 국가의 초석을 다지기도 했다. 이처럼 인류는 사회적 진보를 위해서, 또는 사회 개혁을 위해서 수없이 많은 제도를 만들고 유지해 왔다. 동시에 제도는 인간이 특정 사회에서 구성원으로 살아가는 데 필요한 준거와 규범을 제시해 주기도 하였으며, 생활양식을 제공하고, 사회질서를 유지하는 역할도 해 왔다. 어쩌면 인류의 역사를 제도 발전의 역사라고 보아도 무리는 아닐 것이다.

  그렇다면 제도의 발전을 통해 인류는 무한한 진보를 달성할 수 있을까? 인간은 제도를 통해 모든 사회문제를 해결해 왔을까? 제도는 조직이 창출할 수 있는 최선의 사회적 수단이었던 것일까? 버스전용차선 제도의 도입을 통해 도심 교통혼잡 문제는 해결되었을까? 대학 입시의 3불 정책 시행으로 우리나라 공교육의 공공성은 충분히 확보되었을까? 우리나라 민주주의가 발전한 것은 '대통령직선제'라는 정치제도 때문일까, 아니면 교육을 통해 성장한 성숙한 국민의식 때문일까? 이러한 질문에 누구도 명쾌한 대답을 내놓을 수 없을 것이다.[1]

그 까닭은 무엇인가? 그것은 제도주의학자 사공영호(2015)의 표현처럼, 제도는 인간의 생각과 상관없이 인간으로부터 온전히 독립되어 외부에 존재하고 있는 어떤 것이 아니기 때문이다. 예를 들어, '결혼'이라는 제도를 생각해 보자. 혹자는 온전한 사랑을 나눈 두 사람이 만나 일생을 함께하기로 마음을 정한 상태를 결혼이라고 생각할 수도 있다. 또다른 이는 결혼식을 통해서 일가친척 및 지인에게 널리 알리고 축하받는 행위를 결혼제도라고 여길 수도 있다. 다른 한편으로는 국가에 '혼인신고'라는 공식적이고 법적인 절차를 통해서 완성되는 것이 결혼제도의 완성이라고 생각할 수도 있다. 이처럼 제도는 인간 또는 사회로부터 완전히 독립시켜 개념화할 수 있는 대상은 아니다. 그러나 일반적으로 제도는 종교, 노동, 가족, 정치 같은 사회 시스템 내에서 다양한 기능 영역과 관련된, 상대적으로 지속적인 사회적 신념 체계 및 조직된 관행을 의미한다. 제도를 특별히 크고 중요한 결합체라고 정의하기도 하며, 사회의 환경적 결과로 정의하기도 한다.

---

1 본 저서의 공동 저자인 신범철(2020)의 박사학위논문을 일부 인용했다.

인간은 제도에 구속되지만, 제도는 인간을 위해 존재한다. 한번 만들어진 제도는 쉽게 변화하지 않는 속성을 지니고 있다. 전통, 관행과 경로의존성 등은 경직되어 있는 제도의 속성을 드러내는 키워드이다. 하지만 특정 제도가 오히려 불편함을 가속시키고 변화하는 사회에 제대로 대응하지 못한다고 판단할 때, 인간은 그것을 문제로 인식하고 바꾸기 위한 다양한 시도를 한다. 불합리하다고 느낀 경험이 여러 사람들에게 공감대를 형성하고, 이것이 사회문제화되어 변화를 요구하는 어떤 힘이 특정 영역 안팎에서 나타날 때 행정부나 사법부, 지방정부나 지방의회는 제도의 변화를 시도한다. 제도와 인간은 끊임없이 상호작용을 하면서, 때론 수용하고, 때론 저항하면서 변화를 모색한다.

하지만 타 영역에 비해서 인사제도는 더욱 보수적인 속성을 지닌다. 제도의 변화에 따라서 이익을 보는 이들도 있지만, 손해를 보는 이들도 나타난다. 단기간의 변화를 인사제도에서 만들어 내기 어려운 이유는 제도의 혜택을 받은 기득권의 문제도 있지만, 그러한 제도를 보고 움직였던 사람들에 대한 최소한의 배려, 정확히 말하면 제도에 대한 신뢰 보호가 필요하기 때문이다.

결국 제도의 변화는 어떤 철학과 가치를 선택할 것인가의 문제이다. 예컨대, 교원 임용시험을 예로 들어 보자. 변별력을 중요한 가치로 여긴다면 기존의 지필고사에 5지선다형 평가 방식을 고수하면 된다. 하지만 교원에게 필요한 인·적성, 소명의식, 전문성, 소통 능력과 협업 능력 등을 중시한다면 그에 맞는 평가 방법을 모색해야 한다. 한쪽에서는 기존 시스템의 고수를 요구하고, 한쪽에서는 그러한 제도의 문제점을 지적하면서 변화를 요구한다.

교육제도와 교원 인사제도
····

현대사회에는 다양한 사회제도가 공존한다. 우리나라 교육 역시 마찬가지이며, 교육은 때때로 교육제도로 대변되기도 한다. 일반적으로 교육제도란 "국가의 교육 이념 및 교육 목적을 달성하기 위한 국가적 차원의 인위적 장치로서 교육활동(교육 목적·교육 내용·교육 방법·교육 평가), 학생, 교원, 교육기관, 교과용 도서 그리고 조직 및 기구 등에 관한 표준은 물론 기준을 총칭한다(한국교육행정학회, 1996)."

이처럼 교육제도라는 거시적 사회제도의 주요 구성원이자, 현장 실천가이기도 한 교원 역시 교육제도 내 다양한 하위 제도와 관계를 맺으며 살아간다. 그중에서도 '교원을 위한' 제도인 동시에 '교원에 관한' 제도이기도 한 교원 인사제도는 교원에게 매우 중요한 제도라고 할 수 있다.

교원 인사제도는 법령에 의해 운영되는데, 이와 관련된 법령에는 「헌법」, 법률, 대통령령, 교육부령, 교육부 훈령 등이 있다. 「헌법」의 법적 근거에 의하여 「교육기본법」, 「초·중등교육법」, 「고등교육법」, 「교육공무원법」, 「사립학교법」, 「교원지위향상을 위한 특별법」 등이 제정되어 있다. 「교육기본법」에는 "교원의 전문성은 존중되며 경제적·사회적 지

위는 우대되고 그 신분은 보장된다.(제14조)"고 명시되어 있으며, 「교육
공무원법」에는 교육공무원의 자격·임용·보수·연수·신분 보장·징
계·소청 등이 명시되어 있다.

　이와 더불어 교원 인사제도에 대해 학문적으로 접근해 보면 『한국교
육행정학 연구 핸드북』(2013)에서 정의하고 있는 교원 인사행정의 정
의를 차용하여 설명할 수 있다. 한국교육행정학회는 "교원 인사행정의
주요 영역은 교직에 종사하기를 희망하는 학생들을 수급 계획에 따라
선발하는 일부터 교원의 양성·채용·연수·승진·전보·퇴직은 물론
근무 조건·복지후생·사기 진작에 이르기까지의 전 과정을 포괄한다."
고 명시하고 있으므로, 교원 인사제도는 전술한 영역을 다루는 각종 제
도의 총체적 합 또는 관계로 규정지을 수 있을 것이다.

교원 정책은 무엇일까

· · · ·

그렇다면 교원 정책은 무엇일까? 본서를 선택한 독자라면 '교원'의 정
의는 물론이고, '정책'²의 개념도 이미 알고 있을 것으로 예상한다. 하지

---

2 정책이란 공공 문제를 해결하고자 정부에 의해 결정된 행동 방침을 말한다. 정책은 법률·정책·사업·사
　업 계획·정부 방침·정책 지침·결의 사항과 같이 여러 형태로 표현된다. 정책에는 합법적 강제력을 수반
　하는 권위가 부여되며, 따라서 이러한 정부의 결정이나 방침에 따르지 않을 때는 벌금·제재·감금·규제·
　제한 등의 조치를 받게 된다(행정학사전, 2009).

만 교육전문직원에 도전하고 있거나, 또는 지대한 관심을 갖고 본서를 선택한 교양 있는 독자라도 쉽게 답하지 못할 것이다. 이는 제도가 무엇이냐는 물음과 유사한 맥락의 질문이기 때문이다.

흔히 '교육의 질은 교원의 질을 능가할 수 없다.'는 표현을 쓴다. 여기서 '교원의 질'은 무엇을 의미할까? 이 문장에서 의미하는 '교원의 질'은 '교원의 전문성'으로 등치시켜도 크게 무리는 없을 것이다. 그렇다. 교원 정책은 교원의 전문성을 향상시키고, 교직생활의 질적 수준을 제고하여, 궁극적으로 우리 '교육의 질 향상'을 도모하기 위한 모든 정책이라고 정의할 수 있다.

신현석(2010)은 교원 정책이 '교원에 관한' 정책이면서 동시에 '교원을 위한' 정책이라는 의미를 내포하고 있는 것으로 보았다. 교원의 전문성 신장을 목적으로 하는 교원에 관한 정책에는 교원의 수급·양성·자격·임용·연수·승진·평가 등의 영역이 포함되며, 이러한 영역이 유기적으로 연계되어 운용된다고 보았다. 교원을 위한 정책은 교직생활의 질적 제고를 목적으로 하며, 교원의 근무 여건·보수·후생복지·사기 등 직업으로서 교직을 영위하는 것과 관련된 정책이 포함된다고 보았다. 김이경 외(2005)의 경우에도 유능한 인재를 유인하고 양성·임용하여 교원의 전문성을 신장시키며, 계속하여 교직에 머물 수 있게 하기위한 일련의 정책을 교원 정책이라 보았다. 더 나아가 윤종건(2001)은 교원 정책은 우수한 사람들이 교직으로 몰려들도록 유인 체제를 강화해야 하고, 그들을 유능한 교원으로 키워 낼 수 있어야 하며, 현직 교원이 교사로서의 전문성을 지속적으로 강화할 수 있는 방향으로 추진되어야 한다는 입장을 보였다.

이러한 정의를 종합해 보면 교원 정책을 궁극적으로 우리 교육의 질적 향상을 도모하기 위해 유능한 교원을 양성·선발하며, 이들이 계속적으로 교직에 머물며 전문성을 신장할 수 있도록 하는 교원을 '위한' 그리고 교원에 '관한' 인사행정 정책을 수립·결정·집행한 후 평가하는 공공적인 활동으로 정의할 수 있다.[3]

교원 정책의 개념을 인지하는 것만큼이나 중요한 것이 있다. 바로 앞서 정의한 교원 정책의 영역을 파악하는 것이다. 물론 교원 정책의 영역에 대한 완벽한 합의는 실무적으로나 학술적으로 도출되지 못한 상황이다. 따라서 영역을 명명하거나 나누는 방법에 대해서도 다소 차이가 존재한다.

예를 들어, 김이경 외(2005)의 경우 OECD 검토 내용을 크게 6가지 영역인 ①교원 양성제도, ②현직연수제도, ③교원 선발 및 배치, ④교사 지원 체제, ⑤승진제도, ⑥보상 및 평가제도로 나누어 분석하였다.

한편 신현석(2010)은 교원 정책을 크게 3가지 분야로 나누어 '직전 단계', '현직 단계', '근무 환경'으로 구분하였다. 직전 단계에는 교원 수급, 교원 양성, 교육실습, 교원 임용 정책이 포함되며, 현직 단계에서는 교원 연수, 교원 평가, 근무성적평정, 교원 승진에 관한 정책이 포함된다

---

3 본 저서의 공동 저자인 신범철 외(2018)의 연구 논문에서 일부 인용했다.

고 보았다. 끝으로 근무 환경 부문에는 교원의 업무 및 보수, 교원단체에 대한 정책이 포함된다고 보았다.

이처럼 교원 정책의 정의만큼이나 다양한 교원 정책의 영역은 일반화할 수는 없다. 다만 최근의 연구에서 교원 정책의 영역을 어떻게 구분하는지를 살펴봄으로써 개념화하는 것은 가능할 것이다. 제시된 [표 1-1]을 살펴보면 통상적으로 교원 정책의 영역이 어떻게 구분되는지 파악할 수 있을 것이다.

표 1-1 │ 교원 정책의 영역 구분4

	노종희 (2003)	김이경 외(2005)	김창걸 외(2005)	신현석 (2010)	서정화 외(2011)	전제상 (2013)	유희균, 엄기형 (2014)	신범철 외(2018)
양성	○	○	○	○	○	○	○	○
실습		△		○		△	○	○
수급	○	○	○	○	△	△	○	○
임용	○	○	○	○	○	○	○	○
자격	○							
연수	○	○	○	○	○	○	○	○
평가	○	○	○	○	○	○	○	○
승진	○	○	○	○	○	○	○	○
업무	○	△		○			○	○
보수	○	○		○	○	○	○	○
교원단체	○		○	○	○		○	○
전보, 전직		△	○		○	△	○	○
근무 조건 및 복지후생	○	△	○		○	○	○	○

출처: 신범철 외(2018)

30

[표1-1]에서 제시한 영역들을 보다 구체적으로 세분화하면 다음 [표 1-2]와 같다.

표 1-2 │ 교원 정책 하위 영역 분석 기준

영역		내용(세부 주제)
직전 단계	교원 양성	교원 양성체제, 교원 양성 교육과정(교직 과목/심화 과목/교육 봉사), 교원 양성기관 평가, 수습교사제 등
	교육실습	교육실습
	신규 임용	신규 임용 정책(가산점 제도, 임용시험, 교직 개방 및 유연화) 등
	교원 수급	수급, 정원 관리, 기간제 교원, 상치교사, 명예퇴직, 퇴직 등
현직 단계	교원 자격	자격, 자질, 교원 자격 기준 , 수석교사제 등
	교원 배치 (전보)	전보, 초빙교사제 등
	교원 승진	교장공모제, 승진제도 등
현직 단계	교원 직무 (업무)	교사 · 교장 · 교감의 직무 분석, 업무 부담 및 경감, 교무행정지원인력, 교육행정정보시스템(NEIS), 적정 수업 시수 산출 등
	교원 평가 (업적)	교원 근무성적평정, 교원능력개발평가, 교원 업적 평가, 교원성과급 등
	교원 교육 (연수)	교원 연수(자격 연수, 원격 연수 등), 교사학습공동체 , 학습연구년제, 교원 연수기관 평가, 교과교육연구회 등
	교원 보수 및 복지	보수 체제, 복지제도, 연금제도 등
	권리, 의무	교원 지위, 교권, 교원의 기본권(정치활동), 정년단축 등
	교원단체	교원단체 변천 과정, 교원단체의 역할과 기능, 교원노조법(단체교섭) 등
	성비 불균형	성비 불균형

---

4 △ 표시가 된 부분은 직접적인 대영역으로 나누어 분석되지는 않았지만, 다른 영역에 포함되어 부분적으로 논의된 것들을 의미한다.

교원 정책의 개념에 대한 이해가
선행되어야 하는 이유

. . . .

[표 1-2]를 유심히 살펴보면 한 가지 특징을 발견할 수 있다. 바로 각 시·도 교육청 내 교원정책과의 업무분장표를 통해서 익숙하게 봐 왔던 내용임을 알 수 있다.

현재 교육 현장에서 큰 관심을 받고 있는 '진로교육' 분야에서는 학생들의 본격적인 진로교육에 앞서 자신에 대한 충분한 이해, 즉 자기이해 역량을 무엇보다 강조한다. 이는 직업 세계를 인식하고, 직업에 대한 가치관을 성립하여 진로를 준비하는 것도 중요하지만, 그에 앞서 본질적으로 자신에 대한 성찰이 우선되어야 하기 때문이다.

교육전문직원뿐만 아니라 교원 모두에게도 이러한 원칙은 통용된다. 교원이 자신의 진로를 성찰하기에 앞서, 자신에 관한 정책이자 자신을 위한 정책인 교원 정책에 대해 기본적으로 이해하는 일은 매우 중요하다. 교원에 관한, 그리고 교원을 위한, 더 나아가서 교원에 의한 교원 정책이 필요한 시점이라고 한다. 교원 정책을 수립하는 것도, 그러한 정책을 집행하는 것도, 해당 정책의 혜택을 받는 것도 교원이다. 따라서 교원 정책에 대한 본질적인 이해와 이를 바탕으로 하는 정책적 철학은 전문성의 시작점이자, '자기이해'의 역량이 될 것이다.

교직에 발을 들여놓은 이들은 본인도 모르는 사이에 교원 정책에서 제시한 여러 가지 경로 중에서 어떤 길을 갈 것인가를 선택해 왔다. 신규 교사로 입직해서 먼 훗날 퇴직할 때까지 교원 인사제도의 틀에서 웃고 울면서 살아가게 된다. 하지만 이 시점에서 우리에게는 교원 인사제도에 관한 '메타적 사고'가 필요하다. 특정한 방식의 제도가 도입된 연원은 무엇이고, 그러한 제도가 현재까지 유지되는 이유는 무엇인가? 누구의 이해관계가 반영되어 있고, 변화의 걸림 요소는 무엇인가? 현재의 길이 최선인가? 다른 길은 없는가?

상상력이 필요하다. 주어진 정책과 제도가 아니라 함께 만들어 가는 정책과 제도를 상상해 보자. 제도의 틀에서 최선을 길을 찾아볼 수도 있지만, 과감하게 '관성의 레일'에서 벗어날 수는 없을까? 인사정책 및 제도는 나의 이해관계와 연결되어 있다. 운전자의 시각에서는 육교가 많아졌으면 좋겠지만, 보행자는 횡단보도가 많아지기를 바란다. 한 단계 더 나아가면, 대각선 횡단보도 내지는 ×자형 횡단보도를 원한다. 서 있는 곳에 따라서 특정 제도를 옹호하기도 하고, 비판하기도 한다. 인사정책과 제도를 평가할 때는 존 롤스^{John Rawls}의 방식대로 '무지의 베일^{veil of ignorance}'이 더욱 필요할지 모르겠다. 나의 이해관계와 상관없이 그 제도가 내게 유익을 줄지 손해를 줄지 판단을 보류하고, 사회적 정의 내지는 공동체의 이익, 미래사회의 방향, 학생들의 유익, 교육의 바른길을 선택할 수 있는가?

특정 제도가 왜 이러한 모습을 지니게 되었으며, 현실적으로는 어떤 불편한 진실을 보이고 있는가에 대해서 우리는 정면 승부할 필요가 있다. 우리는 누군가를 비난할 때 기득권을 지녔다고 비판하지만, 그 용어 역시 상대적 속성을 지닌다. 다른 주체의 시각에서는 당신도 기득권을 가진 사람이라고 평가받을 수 있기 때문이다. 예컨대, 학부모가 교사를 바라볼 때, 기간제 교사가 정교사를 바라볼 때, 학교장이 기득권을 내려놓지 않는다고 비난하던 특정 교사가 누군가로부터 '당신도 기득권을 내려놓으라'는 비판에 놓일 수 있다. 그런 점에서 우리에게는 특정 제도의 연원과 뿌리를 살펴보려는 '역사가'의 인식과 함께, 제도의 틀에 갇히지 않고 상상력을 펴 보겠다는 '혁신가'의 면모를 지녀야 한다. 하지만 인사정책과 제도는 결국 행정의 방식으로 구현된다는 점에서 실현 가능성을 면밀하게 따져 보는 '행정가'의 자세도 잊지 말아야 한다.

2장

◇◇◇

교원 승진제도[1]

1 본 장은 김성천 외(2017)의 연구 논문과 신범철(2020)의 박사학위논문을 발췌 및 수정하여 구성하였다.

우리나라에서 역대 정권은 집권 초기에 다양한 개혁 방안을 쏟아냈지만 그 성과는 미미했고, 효과의 지속성도 떨어졌다. 전문가와 관료의 연합에 의해 추진된 '위로부터 아래로의Top-Down 개혁'이 갖는 한계와 중앙집권적인 교육 시스템이 갖는 한계가 결합된 양상을 보인다. 과거에는 정책 환경이 비교적 단순했기 때문에 중앙정부가 어느 날 갑자기 '깜짝 발표'를 해도 일정 기간 정책의 효과가 나타나기도 했지만, 민주화된 현재의 시점에서는 현장의 공감대를 얻지 못하면 좋은 방안을 내놓아도 여론의 뭇매를 맞을 가능성이 크다.

이런 점에서 우리나라도 교육자치의 시대가 열리고 있다. 주민직선 교육감제의 도입 이후에 지역별 역동성이 어느 정도 만들어졌고, 시간이 갈수록 자치와 자율, 분권의 가치에 대한 요구는 더욱 커질 것이다. 교육부의 권한을 교육청으로 배분해야 한다는 요구가 많았는데, 최근에는 교육청의 권한을 학교에 배분해야 하며, 교육청은 학교를 더욱 잘지원해야 한다는 이른바 '학교자치'에 관한 요구가 숙성되고 있다. 결국

교육부의 권한을 교육청과 단위학교로 이양하라는 요구는 더욱 커질 수밖에 없는데, 권한 이양에는 자율성과 책무성이 필연적으로 뒷받침되어야 한다(김성천 외, 2018). 교원 인사제도 또한 이런 자율성과 책무성의 가치에서 예외가 될 수 없을 것이다. 인사제도는 구성원을 움직이는 강력한 동인이다. 자율성과 책무성의 가치를 실현하는 데 인사제도 혁신은 중추적인 수단이 아닐 수 없다(김영인 외, 2016).

어느 조직을 막론하고 인사제도의 핵심은 바로 '승진'이다. 승진은 직위 상승과 동시에 권한과 책임이 확대되는 것을 의미한다. 교원에게 승진은 교사가 교감으로, 교감이 교장으로 직위가 상승함으로써 학교 안팎으로 영향력이 증대되며, 그에 따른 책임의 증가를 의미한다. 또한 승진은 개인과 조직의 목표 달성 차원에서 그 의미가 크다.

개인 차원에서는 조직 구성원의 인력 개발을 유도·촉진하는 유인 체계로서의 기능은 물론, 승진 기회를 놓치지 않으려는 조직 구성원이 자신의 기능과 과업 수행 능력을 발전시키기 위하여 노력하게 만든다. 이 과정에서 조직 구성원의 자질이 향상된다. 이러한 실천의 과정은 다른 동료의 과업 동기를 자극하면서 역동적인 조직 문화를 만들어 낸다.

조직의 차원에서 보면 조직 목표를 효율적으로 달성하기 위한 충원의 수단이 된다. 능력 있는 자를 선발하여 적재적소에 배치함으로써 인적자원 활용의 효율성을 높일 수 있는, 결과적으로 조직 발전을 촉진하는 계기로 삼을 수 있다(조영표, 2014).

승진을 위한 교원의 개별적 노력이 교원의 대표적 과업인 교수·학습과 생활지도 분야뿐만 아니라, 행정업무 분야에서 전문성을 향상시키는 계기를 제공한다는 점에서 의의가 있다. 학교 조직 측면에서는 구성원의 자질 향상을 유인함으로써 조직 전반의 성장과 발전을 기대할 수 있다는 데 역시 의의가 있다. 어찌 보면 교원 승진제도는 큰 예산을 들이지 않고도 많은 이들에게 조직 내에서 어떤 삶을 살아야 하는가에 대한 방향을 제시할 수 있고, 그 파급 효과가 매우 크다는 점에서 효율성과 효과성이 좋은 정책 수단이라고 볼 수 있다.

이처럼 교원의 성장과 발전에 있어서 큰 영향력을 미칠 수 있는 교원 승진제도는 해방 이후 본격적으로 마련되었다. 교원 승진제도는 1953년 「교육공무원법」이 새로 제정되면서부터 명문화되고, 1964년 「교육공무원승진규정」 제정으로 구체화된 이래로, 현재의 교장 자격기준과 상당한 유사성을 갖고 지금까지 이어져 오고 있다. 제정 이후 현재까지 중앙정부의 주도하에 40회 이상 개정되었다. 나름 정책적 필요에 의해 개정되었지만 기능적 개선 차원에 머물렀을 뿐, 시대의 요구와 변화를 반영한 제도의 변화라고 평가할 수는 없다. 교원 인성 평가나 수업, 생활지도, 교육과정 수행 등 교원의 업무의 전문성 평가에 초점을 맞추었다고 보기 어렵다는 비판도 있다. 또한 교육부 장관이나 교육감이 바뀔 때마다 매번 공통가산점, 선택가산점이라는 유인책을 꺼내들었고, 교원은 그것이 어떤 의미이며, 어떤 결과를 낳을지 판단하기도 전에 점수에만 집중하는 본말전도의 현상을 유발시켰다는 비판을 받기도 했다.

본 장에서는 우선 주요 국가의 교원 승진제도가 어떻게 운영되고 있는지 살펴보고, 이와 비교하여 우리나라는 어떻게 운영되고 있는지 구체적으로 분석하여 제시하고자 한다. 이와 더불어 현행 교원 승진제도의 실태와 문제점을 분석하여 현장의 목소리와 함께 제시하고자 한다.

주요 국가의 교원 승진제도가 주는 시사점

. . . .

현재 OECD 국가 중에서 교원에 대한 승진 평정점을 누적한 후 경쟁하여 교장으로 승진하는 방식의 제도를 운영하는 국가는 없다. 우리 교육제도에 다방면으로 영향을 미쳐 온 주요 국가인 미국, 영국, 일본, 싱가포르의 사례를 간단히 살펴보자.

미국은 주州마다 교육제도가 상이한 만큼 교장의 자격기준은 주에 따라 다르다. 또한 기본적으로 교장의 자격과 양성 경로는 일반 교사의 자격·양성 경로와 별개로 운영되고 있다. 미국에서 교장 자격을 취득하기 위해서는 교장 양성 프로그램을 이수해야 한다. 현직 교원이 별도의 승진 점수를 획득해 승진하는 우리의 폐쇄적 시스템과 다르게, 미국은 소정의 요건을 갖춘 사람이라면 양성 프로그램을 통해 교장 자격을 획득할 수 있는 개방적 시스템이다. 다만 교장 양성 프로그램을 이수해도 교장 직위를 자동으로 보장하지는 않는다. 교장으로 임용되기 위해서는 주교육위원회에서 인증하거나, 교사 교육 프로그램 인증기관인 교사교육인증전국위원회NCATE가 공동으로 인증하는 학교장의 자격기준을 갖춰야 한다.

교장의 자격 요건은 일반 교사의 자격 요건과 달리 엄격하지 않다. 대체로 미국에서 교장이 되기 위해서는 일정한 교직 경력(3~5년)이 있는 교원 중 학교 행정에 관심을 가진 교원이 해당 지역의 학교구에서 교육 관련 행정 경력을 쌓거나 필요한 교육 요건(주로 석·박사학위과정 이수)을 갖추면 교장에 지원할 수 있다(한국교육개발원, 2004; 한국교육연구네트워크, 2013). 그러므로 우리나라와 달리 비교적 젊은 교원도 교장에 지원하여 교장으로 승진 또는 임용될 수 있는 기회가 열려 있다(주삼환, 2002).

얼마 전에 다른 나라의 학교를 보고 올 수 있는 기회가 있었습니다. 미국 외곽 지역이었는데, 거기는 학교장을 학교마다 파견할 수 없는 상황이었어요. 그래서 교육청에 소속된 장학관이 학교를 대신 관리해 주고, 교사들은 학생들을 가르치는 일만 하더라고요. 뭔가 행정적으로 문제가 발생하면 해당 장학관이 알아서 처리를 하고요. 하지만 학교 운영상 큰 문제가 없었습니다. 미국에서는 학교장이 30대인 곳도 있고, 심지어 없는 곳도 있었습니다. 그렇다 보니 학교장에게 특별한 권위의식이 없습니다. 그들이 우리나라 학교장보다 일을 안 해서? 절대 그런 측면은 아니죠. 말 그대로 교사 자체가 전문가이고 독립된 교육기관이기 때문에 학교장에게 협조를 구하는 방식인 거지, 지시나 명령을 듣는 것은 아니었던 것 같습니다.

— A교사

영국은 1998년 이전까지 교장은 특별한 자격 없이 임용되었다. 2004년 「고등교육 및 교원 관련법」 공표 이후에는 5년간의 경과조치를 거쳐 국립교장연수원National College for School Leaderships의 국가교장자격증National Professional Qualification for Headship 제도를 도입하였다. 영국에서 공립학교 교장이 되기 위해서는 NPQH 프로그램을 반드시 이수해야 한다(주삼환, 2002; 박상완, 2004; 한국교육개발원, 2004; 한국교육연구네트워크, 2013). 영국은 일종의 교장 양성제를 채택하고 있으며, 최소 4개월에서 12개월의 기간 동안 현장 실습, 동료 학습, 전문성 개발을 위한 수강, 코칭 등의 과정을 거쳐 학교장으로서 필요한 역량을 익힌다(주철안·김혜진, 2012).

일본의 교육공무원 승진제도를 보면 우리나라와 유사하다. 교장의 자격과 양성에 관한 기본적인 사항에 관하여 「학교교육법 시행규칙」 제8조 제1항 및 제2항에 규정하고 있다(한국교육개발원, 2004). 이 규정에 따르면 일본에서 교장으로 승진하기 위해서는 교장 임용시험에 합격해야만 한다. 그러나 임용시험을 치르기 위해서는 교사 자격증(1급 보통면허장)을 소유해야 하며, 각 단위학교의 행정직원을 포함한 직에 5년 이상 근무한 경력이 있거나, 교육 관련 직에 10년 이상의 경력을 지닌 사람에 한해서 응시 자격이 주어진다. 교장이 되기 위한 자격시험이 별도로 존재하기 때문에 일본에서는 우리나라와 달리 교감직을 필수로 거치지 않아도 된다. 그러나 교장 자격시험의 유형에 따라 교감 경력이 중요하게 작용할 수 있어서 교감 경력을 경시하지는 않는다(박상완, 2004). 한편 일본은 2000년 1월「학교교육법 시행규칙」개정 이후 학교 개혁의 차원에서 교사 자격증이 없는 민간인도 교장이 될 수 있는 방안을 과감하게 채택하고 있다(한국교육개발원, 2004).

싱가포르에서는 교원을 교수 경로Teaching Track, 관리자 경로Leadership Track, 선임전문가 경로Senior Specialist Track 등으로 (인적자원) 분배하여 각 경로마다 전문성을 향상시키기 위한 노력을 경주하고 있다.

영국과 미국의 사례를 보면 교장의 리더십과 기술, 지식 등을 학습할 수 있는 별도의 프로그램을 운영하고 있으며, 자신의 능력을 교육구 또는 단위학교에서 입증해야 한다. 일본에서도 교감 경력 없이도 교장이 될 수 있는 시스템을 구축한 점이나, 민간인이 교장이 될 수 있는 방안이 도입된 점을 고려한다면 교장을 승진의 개념으로 바라보는 인식에서 탈피하여 역량 중심의 교장 양성 및 검증 시스템 구축을 도모하고 있다. 이들 주요 국가의 사례를 통해 도출할 수 있는 시사점은 다음과 같다.

첫째, 주요 국가에서는 우리나라의 교원 승진제도와 같은 '승진' 개념을 활용하는 사례를 찾아볼 수 없다.

둘째, 교장 선발을 위한 심사 과정에서 다양한 자료를 활용하고, 다단계 심사를 거쳐 임용하고 있다.

셋째, 교장에 대한 업무 평가를 중시하고, 학부모와 지역사회가 적극적으로 참여한다.

넷째, 교장이 되기 위해서는 엄격한 양성 프로그램을 거치며, 이를 통해 교장 자격증을 취득할 수 있다.

결과적으로 우리나라의 교원 승진제도와는 큰 차이점을 보이고 있음을 알 수 있다.

교원 승진제도 운영 실태
. . . .

일반적으로 승진을 하면 현재 담당하고 있는 업무보다 책임과 권한이 증가하고, 자연스럽게 보수가 상승하면서 역할과 기능에 변화가 찾아온다. 통상 상위직급으로 수직이동하게 되는데, 교원의 승진은 교사에서 교감으로, 교감에서 교장으로 임용되는 것이다. 우리나라의 교원 승진제도는 자격과 경력 중심으로 이루어졌으며, 2급 정교사 → 1급 정교사 → 교감 → 교장으로 구성된다. 우리나라는 여기에 '수석교사제'를 도입하였는데, 본래 제도의 취지는 교사의 경로를 다양화하여 승진이 아닌 교수·학습 전문가로서 수석교사의 위상을 구축하고, 교감과 대등한 지위를 보장하려 했다. 하지만 현실적으로 수석교사제는 다소 애매한 정체성에 놓여 있다. 기본적으로 자격과 직위 체계를 섞었기 때문이다. 예컨대, 대학의 경우 조교수와 부교수, 정교수 체계를 갖추고 있지만, 총장이나 기획처장, 학과장 등은 보직의 성격을 지니고 있다. 이러한 보직을 한국의 문화적 맥락에서 승진으로 인식하는 경향성을 인정한다고 해도 별도의 자격을 요구하는 시스템은 아니다. 의사면 병원장이 되고, 검사면 검사장이 될 수 있는 시스템이면 충분할 텐데, 교원 승진제도는 승진을 자격 체계와 결합시키다 보니 자격 체계가 의도한 철학이 보이지 않는다.

대학에서는 조교수에서 부교수, 정교수로 올라가기 위해서는 일종의 절대평가 방식의 논문 요건 등을 갖추어야 한다. 우리나라는 2급 정교사에서 1급 정교사로 넘어가는 과정에 '시간' 외에는 별도의 요구사항이 없다. 그런데 1급 정교사에서 교감으로 가기 위해서는 (거의 인생을 걸어야 하는) 별도의 작업을 거쳐야 한다. 최근 기존의 승진제를 보완하는 의미에서 내부형 공모제와 개방형 공모제가 들어오고 있지만, 기존의 승진 체계가 워낙 견고해서 제도의 경로의존성이 강하게 나타난다.

이미 알고 있는 것처럼 교원 승진을 위해서는 경력평정, 연수성적평정, 근무성적평정, 가산점을 잘 획득해야 한다. 합산 점수를 기준으로 승진 대상자 명부를 작성하는 일종의 상대평가 방식을 채택하고 있기 때문이다(한국교육개발원, 2004).

다음 [표 2-1]은 교육공무원 승진 규정의 기본적인 내용을 간략히 정리한 것이다.

표 2-1 │ 교육공무원 승진 규정

구분		배점	내용
경력평정		70	• 경력평정 기간: 20년(총경력제)
근무성적평정 (다면평가)		100	• 명부 작성 시 연도별 반영 비율 　－ 교사: 최근 5년 중 유리한 3년 선택. 　　명부 작성기준일부터 가장 가까운 학년도의 합산점 34% + 명부 　　작성기준일부터 두 번째 가까운 학년도의 합산점 33% + 명부 작 　　성기준일부터 세 번째 가까운 학년도의 합산점 33% 　－ 교감: 최근 3년. 　　최근 1년 34%+2년 33%+3년 33%
연수 성적 평정	교육 성적	27 (15)	• 평정점: 교감 승진 후보자 27점, 교장 등 승진 후보자 15점 　－ 자격연수: 9점 　－ 직무연수 (10년 2개월 이내 이수한 60시간 이상의 연수) 　－ 교감 승진 후보자: 18점(성적평정 6점 + 이수실적 12점) 　－ 교장, 장학관 · 교육연구관 승진 후보자: 6점(성적평정)
	연구 실적	3	• 연구대회 입상 실적 　－ 전국 규모 　　1등급: 1.50, 2등급: 1.25, 　　3등급: 1.00 　－ 시 · 도 규모 　　1등급: 1.00, 2등급: 0.75, 　　3등급: 0.50　　　• 학위취득 실적 　　　　　　　　　　　　　　　－ 박사: 1.5 / 3.0 　　　　　　　　　　　　　　　－ 석사: 1.0 / 1.5
가산점 평정	공통	4	• 공통가산점 　－ 교육부지정 연구학교 근무경력(1.25점) 　－ 재외국민교육기관 파견근무경력(0.75점) 　－ 학점으로 기록 · 관리되는 직무연수 이수 실적(1.0점) 　　학교폭력 예방 및 대응 관련 실적(1.0점)
	선택		선택가산점(지역별 상이)

위 내용을 통해 우리나라 승진제도의 특성을 요약하면 다음과 같다.

첫째, 경력평정은 시간이 지나면 누구나 만점을 받을 수 있다. 즉, 변별력이 없는 점수이다. 그러나 교감으로 승진하기 위해서는 교직 경력이 20년 이상 필요하다는 점에서 연공서열 방식을 부분적으로 적용하고 있다.

둘째, 연수성적평정에서 교육성적을 보면 발령 후 5년 이내 받는 1급 정교사 자격연수 점수가 반영된다. 이는 연수의 참여 동기를 제고하기 위한 의도가 있으나, 입직 후 5년 이내 받는 단 한 번의 자격연수 점수가 승진 점수에 반영된다는 것은 낮은 자격점수를 받은 교사들에게 상대적 박탈감을 줄 수 있다(김병찬, 2008).

10~15년 전에 취득한 1급 자격연수 성적이 교감 승진에 중요한 기준이 된다는 점은 재고의 여지가 크다. 최근 교육부에서 1급 정교사 자격연수를 상대평가에서 절대평가로 전환하겠다고 발표한 점은 환영할 만한 조치이다. 혁신교육과 미래교육의 흐름에서 협력의 중요성을 이야기하고, 과정중심평가를 1급 정교사 자격연수에서 강조하다가 갑자기 평가의 변별력 확보를 5지선다형 문항이나 암기식 서술형 평가를 내는 슬픈 현실에서 이제는 벗어날 때가 되었다. 이제 교장자격연수도 상대평가가 아닌 절대평가로 전환해야 한다. 발령 순위는 별도의 근거를 가지고 충분히 낼 수 있다.

셋째, 근무성적평정에서 동료 교사보다 교장과 교감의 평가 비중이 높다는 점이다. 이는 교장의 영향력이 절대적일 수 있음을 의미한다. 이러한 근무성적평정 기준은 승진에 뜻이 없는 교사들에게는 별 의미가 없다는 점에서 모든 교원을 견인하기 어렵다는 한계를 지닌다. 근무성적 평가에서 1등 '수'를 받는 비율은 학교에서 1~2명에 불과하기 때문이다. 동시에 일부 교원을 중심으로 다면평가가 적용된다는 점에서 승진을 위한 역량을 정확하게 확인하기에 부족함이 있다(유재환, 2014).

넷째, 가산점평정이 차지하는 비중이 절대적이다. 경력평정, 연수성적평정(자격연수성적 제외), 근무성적평정은 승진을 생각하고 있는 교원이라면 모두 높은 점수를 받을 수 있다. 결국 실질적인 교원 승진 관련 경쟁은 가산점에서 이루어진다. 가산점 경쟁이 지나치게 치열해지자 지난 2016년 4월 25일 교육부는 승진가산점으로 인한 교원의 승진 경쟁 과열 및 갈등 완화를 위해 공통가산점을 축소하고,[2] 선택가산점인 도서·벽지 가산점은 시·도의 교육 여건을 반영하여 명부작성권자가 자율적으로 부여할 수 있도록 개정하였다.

---

2 연구학교 1점, 해외 교육기관 파견 0.5점, 직무연수 1점, 학교폭력 유공 1점 등 3.5점 만점으로 축소하였다.

가산점평정의 변천과 특징

· · · ·

앞서 밝힌 것처럼 교원 승진제도에서 가장 큰 비중을 차지하는 것은 가산점평정이다. 따라서 교원 승진제도 내 가산점평정에 대해 보다 구체적으로 살펴볼 필요가 있다.

가산점평정은 교원에게 직무수행에 대한 동기부여와 능력 향상 도모의 기능뿐만 아니라, 교원 승진후보자 명부 작성을 위한 점수로 활용되는 제도이다. 이와 관련하여 교원 개인의 자격 취득 및 특정 직무 수행 시 그에 대한 보상으로 해당 실적을 반영한다. 가산점평정은 현행 「교육공무원 승진규정」에서 공통가산점(교육부장관 지정 가산점)과 선택가산점(승진후보자 명부작성권자가 인정하는 경력이나 실적이 반영된 가산점)으로 구분되어 평정되고 있다.

가산점평정의 변천

가산점평정은 평정점의 합산점(경력평정 · 근무성적평정 · 연수성적평정)에 부가 점수로 가산되어 승진후보자 명부 작성에 적용된다. 최초 가산점은 포상, 벽지 근무 경력만 적용되었다(「교육공무원 승진규정」 제3차 제정, 1969.12.04.). 이후 가산점평정은 시대적 흐름과 사회적 변화에 따라 다음 [표 2-2]와 같이 증가 또는 감소한다.

표 2-2 | 가산점평정의 변천 내용

공포일	포상	벽지	나환자	특수 학교	연구 학교	보직 경력	장학사	민원	재외	농어촌	자격증	계
64.07.08	교육공무원 승진규정 최초 제정 시 가산점 평정 없었음.											–
69.12.04	10	10	–	–	–	–	–	–	–	–	–	20
72.12.30	10	20	–	–	–	–	–	–	–	–	–	30
73.08.08	5	20	10	5	5	10	–	–	–	–	–	55
74.05.09	5	40	10	5	5	10	–	–	–	–	–	75
75.08.20	5	35	10	5	5	10	–	–	–	–	–	70
76.12.31	5	25	10	5	5	10	–	–	–	–	3	63
79.02.07	5	15	10	5	5	10	3	–	3	–	3	59
81.08.12	5	15	10	5	5	10	3	8	3	–	3	67
86.04.26	2.5	6	2.5	2.5	2.5	2.5	1.5	2	1.5	–	1.5	25
90.02.14	1.25	2	1.25	1.25	1.25	1.25	0.75	1	0.75	–	0.75	11.5
91.02.01	1.25	2	1.25	1.25	1.25	1.25	0.75	1	0.75	–	0.75	11.5
92.02.17	폐지	2	1.25	1.25	1.25	1.25	0.75	폐지	0.75	–	0.75	9.25
93.03.06	–	2	1.25	1.25	1.25	1.25	0.75	–	0.75	–	0.75	9.25
94.09.22	–	2	1.25	1.25	1.25	1.25	0.75	–	0.75	2.5	0.75	11.75
96.02.07	–	2	1.25	1.25	1.25	1.25	0.75	–	0.75	2.5	0.75	11.75
97.07.09	–	2	1.25	1.25	1.25	1.25	0.75	–	0.75	2.5	0.75	11.75
01.07.07	가산점을 공통가산점(3.5점)과 선택가산점(15점)으로 분리 (가산점 총합: 18.5점)											
02.06.25	공통가산점 3.5점과 선택가산점 15점 (가산점 총합: 18.5점) 선택가산점은 시 · 도별로 항목 및 점수를 다르게 정함.											
07.05.25	공통가산점 3점, 선택가산점 10점 (가산점 총합: 13점) 공통가산점 중 재외 국민교육기관 파견 경력 총합계 감(1.25점 ⇨ 0.75점) 선택가산점의 총합계 감(15점 ⇨ 10점)											
12.11.06	공통가산점 5점, 선택가산점 10점 (가산점 총합: 15점) 공통가산점 영역에 학교폭력 예방 및 해결 등 기여 가산점 추가(2점)하여 공통가산점 증(3점 ⇨ 5점)											
입법예고 16.04.25	공통가산점 3.5점, 선택가산점 10점 (가산점 총합: 13.5점) 연구학교 가산점(1.25 ⇨ 1), 해외 교육기관 파견 가산점(0.75 ⇨ 0.5), 학교폭력 유공 가산점(2 ⇨ 1) 축소 선택가산점인 도서 · 벽지 가산점 부여 지역을 시 · 도 여건을 고려하여 명부작성권자가 자율 지정											

출처: 박세영(2003), 「교육공무원 승진규정」(1964년~2016년) 자료 재구성.

나환자 학교 근무경력, 특수학교 근무경력, 연구학교 근무경력, 보직교사 근무경력이 1973년에 가산점에 포함되었고, 이후 장학사 및 교육연구사 근무경력과 재외 국민교육기관 근무경력, 실업계 고등학교 근무교사의 자격증 가산점이 1970년대 후반에 포함되었다. 또한 포상에 따른 가산점이 1992년에 폐지되고, 1994년부터 농어촌 근무경력이 포함되었다.

2001년부터는 가산점이 공통가산점 3.5점과 선택가산점 15점으로 분리되었고, 2007년에는 공통가산점 3점과 선택가산점 10점, 2012년 이후 공통가산점이 2점 늘어 공통가산점 5점과 선택가산점 10점으로 총합계 15점을 현재까지 유지하고 있다. 최근 교육부는 승진가산점으로 인한 교원의 승진 경쟁 과열 및 갈등 완화를 위해 공통가산점을 5점에서 3.5점으로 축소하는 내용의 입법예고(16.04.25.)를 발표한 바 있다.

가산점평정 변천 과정의 특징

가산점평정은 1969년 처음 규정이 제정될 당시 2개로 출발하여 6-7-9-10으로 꾸준히 증가하였다가 1992년 포상과 민원 관련 가산점이 폐지되면서 8개 항목으로 축소되었고, 이후 농어촌 근무경력이 포함되어 9개 항목을 유지하고 있다. 하지만 가산점이 공통가산점과 선택가산점으로 분리되면서 가산점의 항목과 총합계 점수는 증가한다. 특히 2002년 이후부터 전국 시·도 교육청별로 선택가산점이 각각 책정되면서 지역의 특성에 맞게 선택가산점 항목은 꾸준히 증가하는 추세이다.

가산점 총합계 점수는 1974년까지 벽지 근무지 수의 증가에 따른 교원 유인 정책으로 벽지 점수가 꾸준하게 증가하다가, 1975년 이후에는 가산점 항목은 증가하였으나 벽지점수의 감소로 총합계는 감소한다. 그러나 1994년 농어촌 근무경력이 포함되면서 다시 총합계 점수는 소폭 증가한다. 2001년 7월 7일 「교육공무원 승진규정」 제25차 개정으로 가산점평정이 공통가산점과 선택가산점으로 분리되면서 가산점 총합계 점수가 증가하게 된다.

선택가산점이 시·도 교육청별로 자유롭게 산정되면서 해당 지역의 교육 환경 및 교육자치의 교육적 목적에 따라 항목이 다양해진다. 40여 차례에 걸친 「교육공무원 승진규정」 제·개정 과정에서 가산점평정과 관련한 제·개정은 총 18차에 걸쳐 이루어졌다(합계 점수의 변화 및 가산점 항목 신설·폐지, 가산점 영역 분리 등의 사유에 따른 제·개정만 포함하고 평정권자의 명칭 변경 등의 단순 개정은 포함하지 않는다).

다음 제시된 [표 2-3], [표 2-4]와 같이 2016년 3월 1일 기준 서울, 부산, 인천, 광주, 대전(중등), 울산(중등), 세종(초등), 경남(중등)은 선택가산점 총합계 점수가 감소했다. 경기, 대구, 대전(초등), 울산(초등), 강원, 경북, 전남(초등), 전북(초등), 충남, 충북은 유지, 세종(중등), 제주, 경남(초등), 전남(중등), 전북(중등)은 증가한다.

표 2-3 | 전국 시·도 교육청의 선택가산점 항목 개수 및 합계 현황

시·도 교육청	선택가산점 항목 개수	선택가산점 합계	시·도 교육청	선택가산점 항목 개수	선택가산점 합계
경기	9(11)	8.25(7.75)	제주	14(15)	8.50
서울	12	11.5(12.5)	강원	13(17)	10
부산	14	6.75	경남	13	9.85
인천	19	9.0(8.75)	경북	13	10
대구	17	9.45	전남	16(17)	9.75
광주	9(7)	9.55(7.3)	전북	10	8.6(7.286)
대전	11(8)	9.866	충남	14(16)	9.6(9.8)
울산	11(10)	9.31	충북	12(17)	9.883(9.783)
세종	12(13)	8.25(7.3)	( )은 중등		

출처 : 최환영 외(2015)

주 : 1) 2012~2016.03.01. 이전 기준
　　2) 서울시교육청 등 선택가산점 합계 점수 10점 초과 이유: 한 해 중복 가산점 항목 포
　　　함하여 합계 상정.

[표 2-4]의 전국 시·도 교육청의 선택가산점 실질 항목 개수는 합계 상한점으로 묶여 있는 단위로, 실제 가산점평정을 위하여 합산되는 단위이다. 2016년 3월 1일 기준으로 [표 2-4]와 같이 경기, 부산(중등), 세종(초등)은 4개의 실질 항목 개수를 갖고 있어 가장 단순한 평정 항목을 갖추었다고 보인다. 반면 대구, 경남(초등), 전남(중등)은 10개의 실질 항목 개수를 갖고 있다. 실질 항목 개수를 기준으로 경기도는 ①직위 근무경력(보직교사, 장학사 및 교육연구사 근무경력), ②지역 근무경력(도서, 벽지, 접적지역 및 농어촌, 접경지역, 공단지역 근무경력), ③교육감 인정 연

구학교 유공 경력(유공 교원, 체험학습장 운영, 도농교류 경력), ④학교 교육활동 및 학생지도 우수실적 경력으로 구분된다.

표 2-4 | 전국 시·도 교육청의 선택가산점 항목 및 실질 항목 개수

시·도 교육청	선택가산점			시·도 교육청	선택가산점		
	항목 개수	실질 항목 개수	합계		항목 개수	실질 항목 개수	합계
경기	10(12)	4(4)	8.25(7.75)	제주	16(17)	7(7)	8.506(8.506)
서울	15(16)	6(6)	7.75(8.75)	강원	16(20)	9(9)	10(10)
부산	14(16)	5(4)	5.25(4.75)	경남	16(18)	10(5)	10.55(6.6)
인천	16(16)	6(6)	8.5(8.25)	경북	15(17)	5(5)	10(10)
대구	18(18)	10(10)	9.45(9.45)	전남	21(21)	8(10)	9.75(9.95)
광주	13(10)	6(5)	6.3(5.3)	전북	12(12)	9(7)	8.6(7.786)
대전	13(10)	9(7)	9.866(9.5)	충남	18(19)	6(6)	9.6(9.8)
울산	13(14)	9(9)	9.31(9.51)	충북	17(23)	8(8)	9.883(9.783)
세종	12(15)	4(5)	6.75(8.0)	( )는 중등.			

출처 : 최환영 외(2015)

주 : 1) 2016.03.01. 이후 기준
   2) 실질 항목 개수는 합계 상한점으로 묶여 있는 단위를 포함한 실제 가산점이 합산되는 단위임.
   3) 경남교육청의 선택가산점 합계 10점 초과 이유는 한 해 중복 가산점 항목 포함하여 합계.

① 선택가산점 합계 점수의 변화
 • 유지 : 경기, 대구, 대전(초등), 울산(초등), 강원, 경북, 전남(초등), 전북(초등) 충남, 충북

- 감소 : 서울, 부산, 인천, 광주, 대전(중등), 울산(중등), 세종(초등), 경남(중등)
- 증가 : 세종(중등), 제주, 경남(초등), 전남(중등), 전북(중등)

② 2016년 3월 1일 기준 전국 시·도 교육청의 선택가산점 평균
- 항목 개수 평균 : 초등(15.1개), 중등(16.2개)
- 실질 항목 개수 평균 : 초등(7.3개), 중등(6.7개)
- 선택가산점 합계점 평균 : 초등(8.754점), 중등(8.482점)

경기도교육청 사례 분석

. . . .

교원 승진을 위한 평정기준 중 경력평정, 연수성적평정, 근무성적평정과 공통가산점평정은 모든 시·도 교육청 공통사항이다. 결국 지역과 상관없이 현행 제도에서 승진의 당락을 좌우하는 것은 '선택가산점'이라고 볼 수 있다. 앞서 살펴본 것처럼 선택가산점은 각 시·도 교육청이 처한 교육적·환경적 맥락에 따라 평정항목과 점수 기준 및 중복평정 인정기준 등을 시·도교육감이 지역의 실정에 맞게 합리적으로 정하고 있다. 따라서 지역마다 선택가산점 제도 운영이 다소 상이하고, 내용 또한 매우 복잡한 편이다.

선택가산점에 대한 보다 폭넓은 이해를 위해 경기도교육청의 사례를 바탕으로 살펴보기로 한다.

경기도교육청에서 운영하고 있는 선택가산점 항목은 지역 근무경력 가산점, 직위경력 가산점, 교육감 인정 연구 및 유공 가산점, 학교 교육 활동 및 학생지도 우수실적 가산점, 역량개발 관련 측면에 대한 가산점 등이 있다. 다른 시·도 교육청은 경기도교육청과 항목 자체는 거의 유사하나 세부적인 점수나 급간에서 일부 차이가 있다.

표 2-5 | 경기도교육청의 선택가산점 내용

분류	내용
지역 근무경력 가산점	① 도서·벽지 및 접적지역 근무경력, 농어촌 지역 및 접경, 교육감 지정 접경, 공단지역 학교 근무경력 ② 중등은 특성화고 근무, 산업수요 맞춤형 고등학교 근무경력 포함
직위경력 가산점	① 보직교사 근무경력 ② 장학사 및 교육연구사 경력
교육감 인정 연구 및 유공 가산점	① 연구학교(선도, 중심, 시범, 실험학교, 체험학습장, 도농교류 포함) 근무경력 ② 연구학교 중 초등교육실습대용학교 근무경력 ③ 교육청 파견 영재교육 전담, 담당, 도지정 발명교실(초등), 영재교육담당, 발명교실 지도(중등) ④ 순회·파견, 겸임, 경기도 공동실습소 운영지도
학교 교육활동 및 학생지도 우수실적 가산점	① 초등 돌봄교실, 초등 창의지성 교과특성화학교, 초등자율체육활동체험교실 ② 특성화고 근무경력/산업수요 맞춤형 고등학교 근무경력(2011.3.1.~) ③ 고교 근무 경력/2005.1.1.~2009.2.28.까지 취득한 가산점 인정
	① 담임/순회, 파견, 겸임, 공동실습소, 영재교육, 체전 및 기능대회 지도, 영재교육 담당교사 경력 포함(3점 상한), 국제올림피아드, 발명교실, 청소년단체 지도교사 경력과 합산하여 합계상한점 3점 ② 청소년단체 지도교사 경력 ③ 국제올림피아드 지도교사/전국소년체전, 전국체육대회, 전국기능경기대회 지도
역량개발 관련 측면에 대한 가산점	① 수업실기대회 우수교사(유·특수·초등교사, 교육감 표창자), 2013 폐지, 2016~2018(0.16~0.25/상한 1.3점), 2019~(0.13~0.2/상한 1.0점)

[표 2-5]는 경기도교육청의 선택가산점 제도의 특징을 간략히 나타 낸 것이다. 자세히 살펴보면 다음과 같은 시사점을 얻을 수 있다.

첫째, 경기도교육청 지역 특성을 고려하고 있다. 농촌 지역의 경우 근 무 기피 현상이 나타나는데, 이를 가산점으로 반영하고 있다. 향후 지역 과 행정단위에 따른 가산점 부여 방식에서 벗어나 실질적인 교육 기여 도를 위한 가산점이 되도록 개선될 필요가 있다(성준우·허병기, 2015).

둘째, 경기도교육청의 직위 근무경력 중 보직교사 경력 가산점은 상 한점 2점으로 장학사 및 교육연구사 근무경력 가산점 상한점 0.75점과 함께 합계 상한점 2점을 인정한다. 경기도교육청의 경우 승진후보자 명 부 작성에서 일반 교사 중 승진 대상자와 전문직 중 승진 대상자의 선 발 비율을 이원화하여 평가하고 있어, 장학사 및 교육연구사가 일반 교 사 승진 대상자보다 빨리 승진할 수 있다.

셋째, 경기도교육청의 교육부 인정 연구학교 가산점은 교육감 인정 연구·시범·실험 중심 학교 등 소속 학교에 따라 부여되는 가산점인데 직책·소속 학교에 따라 가산점을 취득하는 것으로 연구학교 관련 활 동을 전혀 하지 않은 교사에게도 동일한 점수가 부여되는 문제가 있다.

넷째, 학교 교육활동 및 학생지도 우수실적 가산점 중 초등 돌봄교실 관련 가산점은 대부분 교무부장이 운영을 담당하면서 교육의 질 관리보다는 운영 자체에 목적이 생기는 경우가 있다. 수업과 업무를 처리하고, 돌봄교실에 에너지를 쏟다 보면 양쪽이 다 부실해질 우려가 있다. 교육에서 돌봄을 분리해야 하는가는 차치하고, 현행과 같은 가산점에 의존하여 돌봄교실을 운영하는 시스템이 돌봄의 질을 보장할 수 있는가에 대한 근본적인 질문이 필요하다.

이는 그 업무를 맡고 있는 부장이나 교사에 대한 문제 제기가 아니다. 특정 정책을 교육부와 교육청이 추진한다면, 이를 뒷받침할 수 있는 충분한 지원 시스템이 필요하다. 한마디로 소방관에게 불을 끌 장비를 주지 않고 가산점을 줄 테니 불을 끄라고 하는 상황과 크게 다르지 않다. 특정 정책에 대한 충분한 전략적 고민 없이 가산점이라는 유인가를 가지고 교사를 특정 정책에 쉽게 투입 내지는 동원하지는 않았는지, 그간의 정책 경로와 수단이 적절했는지 이제는 따져 볼 필요가 있다.

다섯째, 2013년에 폐지된 수업 실기 우수교사 가산점에 대한 문제이다. 폐지 후 등급에 대한 가산점을 단계적으로 낮춰 가며 타 가산점 영역과 합산하여 평정하고 있다. 하지만 더 이상 해당 가산점을 취득할 방법이 없는 상태에서 해당 가산점의 유무에 따라 개인별 점수 편차가 크게 드러나, 수업 실기와 관련한 가산점이 문제로 대두되고 있다.

교사의 전문성을 높이고 학교 교육력 제고를 위한 활동, 특정 교육활동 등으로 유인하고자 가산점을 부여한 것이 학교 현장에서 승진 과열 경쟁에서 비롯된 많은 문제를 도출하고 있다(성준우·허병기, 2015; 조무현, 2015). 이를 해결하기 위해 경기도교육청 역시 교육부와 마찬가지로 가산점의 통합·폐지·신설 등을 주기적으로 반복하고 있는 실정이다.

결국 교원 인사제도에 대한 근본적인 혁신을 하지 않으면 특정 가산점 영역 신설 → 쏠림현상 발생 → 조정 및 폐지 → 새로운 영역 신설을 반복하고 있음을 알 수 있다. 다음 B교사의 사례는 이러한 교원 인사제도의 부정적 측면을 잘 나타내고 있다.

> 저는 신규 교사 때부터 영재교육에 관심이 많았습니다. 그래서 꾸준히 영재학급을 운영해 왔습니다. 그런데 영재학급을 운영하면 승진 가산점을 준다고 하니 갑자기 사람들이 몰려들었습니다. 한 3~4년 정도요. 교무부장, 연구부장 등 경력 많은 분들이 평소에는 관심도 없었으면서 밀고 들어왔습니다. 그런데 이 가산점이 4년 뒤에 사라지니 그 사람들이 다 빠져나가고, 다시 신규 교사 중심으로 재편되었습니다. 신규 교사들을 모아놓고 처음부터 다시 연수를 시키고 준비를 하려니 질적으로도 떨어지고, 여러 가지 어려운 점이 많았습니다. 만약 중간에 가산점을 주지 않았다면 영재교육에 관심과 열정을 가진 분들이 꾸준히 해 왔을 텐데, 가산점이 중간에 생겼다가 없어지면서 많은 부작용이 생겼습니다.
>
> —15년 경력 B교사

교원 승진제도 무엇이 문제일까[3]

. . . .

1964년 최초 제정 이래로 현재까지 지속되고 있는 교원 승진제도는 여러 가지 공과를 도출해 왔다. 그중에서도 교원 승진제도가 양산한 대표적인 문제점을 분석해 보면, 직무역량, 교직 문화, 민주성, 제약과 차별이라는 4가지 영역으로 압축이 가능하다.

우선 가장 많은 문제가 제기되는 것이 직무역량 영역이다. 무엇보다도 승진에 필요한 각 영역별 점수와 교장의 직무역량 간 상관관계가 명확하지 않다. 예컨대, 농촌에서 일정 기간 근무하면 지역가산점을 얻을 수 있는데, 그 사실이 교장의 직무역량과 직접적 상관관계가 있다고 보기 어렵다.

또한 교장에 필요한 직무역량이 존재한다면, 그것을 익힐 수 있는 시스템이 미흡하다. 현행 방식은 개인 스스로 노력하여 별도의 점수를 획득하면 교감이나 교장으로 승진이 가능한 방식인데, 이 과정에서 교장과 교감으로서 직무역량을 제대로 확인하고 검증하는 시스템이 취약하다는 것이다(김영인 외, 2016; 김성천 외, 2017).

오랜 시간 승진제도에 몰두하면서도 교장으로서의 충분한 역량은 키

---

3 본 저서의 공동 저자인 신범철(2020)의 박사학위논문의 인터뷰 내용을 일부 인용하였다.

우지 못했다는 느낌을 많이 받았습니다. 승진제도가 어쩌면 제대로 작동하지 못하는 측면도 있는 거죠. 점수를 쌓아서 교장이 되는 방식이 대상자들의 역량이나 감각을 키우기에는 부족한 면이 많다고 보여요. 그러니까 이 제도가 효율적이지 못한 거죠. 예를 들어, 본인이 원하지도 않았는데 연구학교에 가고, 농어촌 지역에 신규 발령이 나고……. 이런 경우들은 그들의 역량과는 전혀 상관이 없는 부분인데, 그걸 인정해서 교장을 만들어 주니까요.

이런 식으로 교장이 되는 분들은 업무에 있어서 전문적인 역량이 있기가 힘들죠. 전반적으로 지식이나 경험이 부족하니까 아랫사람들이 조언을 구해도 알맞은 답을 못 줍니다. 그냥 알아서 하고 책임져라, 뭐 이런 식으로 떠넘기니까요.

—16년 경력 C교사

교직 문화의 관점에서 볼 때 교장과 교감 직위를 승진으로 인식하는데, 이 과정에서 권위적이거나 비민주적 요소가 자리 잡을 수 있다. 보직의 개념으로 바라볼 뿐, 기능과 역할의 차이로 보는 교직 문화가 아니라는 것이다. 그렇기 때문에 승진에 대한 '점수 따기' 경쟁이 발생한다. 제한된 자리를 놓고 경쟁하고, 이로 인해서 가산점 항목을 중심으로 특정 업무의 쏠림 현상이 나타난다. 교사 본연의 업무임에도 불구하고 가산점을 부여하느냐, 하지 않느냐에 따라서 업무의 과열 현상과 냉각 현상이 나타난다(김영인 외, 2016).

"너는 승진할 사람이니까 힘들어도 힘들다고 절대 말하지 마." 이런 분위기가 팽배해요. 이렇게 생각하는 풍토는 굉장히 잘못되었다고 생각합니다. 승진 때문에 누군가가 힘든 일을 맡아 할지라도 어쨌든 학교 일을 고생해 가며 처리하는 것이니까 그런 식으로 폄하하는 것은 정말 잘못된 것이죠. 누가 점수를 받든 동료라면 서로 도와 가면서 일하는 게 맞는데, 승진제도 때문에 서로 벽이 생기는 것이죠. 점수를 받는 교사와 못 받는 교사 사이예요.

—20년 경력 D교사

민주성의 관점에서 문제가 발생한다. 교장을 누가 선발하고 선택하는가의 문제이다. 형식적으로 공모제는 학교 구성원이 학교장을 심사하고 선발할 수 있지만, 자격증을 가진 교장 인력 자체가 제한되어 있다. 교장 지원 풀을 넓힐 수 있는 내부형 교장공모제는 시행령에 의해 극히 일부 학교만 가능하며, 그것도 교육부와 교육청의 승인을 얻을 때만 가능하다. 근무평정은 교장으로부터 받아야 하는데 그 비중이 절대적이다. 동료 다면평가가 아무리 좋아도 교장의 평가가 나쁘면 근무평정 점수를 잘 받기는 불가능하다. 따라서 점수를 잘 받기 위해서는 불합리한 사안이 발생해도 문제를 제기하기 어렵다. 이 과정에서 민주성의 원리가 약화된다. 이는 학교자치의 원리에도 맞지 않는다. 구성원이 여러 교장 후보군 중에서 적임자를 선택할 수 있고, 이에 대한 책임을 최소 4년간 함께 지는 시스템이 학교자치의 원리에 부합한다.

교원의 리더로서 인정하지 못하는 부분도 많습니다. 왜냐하면 그들은 우리가 세운 리더가 아니라 제도에 의해 세워진 리더이니까요. 암묵적으로 우리는 그 리더를 우러러보게끔 사회화되었고요. 권력에 의해 정해진 것이고 따르게 된 것입니다. 국가가 교장으로 공인한 부분에 대한 존중이지, 자발적으로 따르는 것은 없습니다.

—12년 경력 E교사

제약과 차별의 관점에서 문제가 발생한다. 능력 여부와 상관없이 별도의 점수를 가지고 있지 않으면 교장에 지원조차 불가능하다. 교육전문직원의 경우 일반 교사에 비해 승진이 빠른 제도적 혜택을 지니고 있는데, 이 때문에 교육전문직원에 대한 선호 현상이 발생한다. 교육전문직원이 지닌 고유의 업무와 본질이 아닌, 승진을 위한 도구적 관점에서 교육전문직원에 도전하는 상황이 나타나는 것이다. 이는 전문성과 진정성의 문제를 동시에 만들어 낸다.

동시에 '제도적 배제 현상'을 극복해야 한다. 예컨대, 교육전문직원은 특정한 선발 방식을 고수하고 있는데, 평가의 틀을 지나치게 중시하다 보면 특정 분야에서 전문성과 실천력을 지닌 이들이라고 해도 진입장벽이 높아서 시도하지 않게 된다. 또는 시도해도 평가의 형식에 적응하지 못해서 혹은 평가 기준의 벽을 넘지 못해서 엉뚱한 사람들이 합격하고, 정작 역량을 갖춘 이들은 진입도 하지 못할 가능성도 있다. 이러한 제도적 배제 현상은 모든 인사제도에 나타날 개연성이 있기 때문에, 트랙의 다양화나 제도에 대한 비판적 검토가 반드시 필요하다. 이러한 과정을 거치지 않으면 인사정책은 1 더하기 1은 2밖에 모르는 소위 앞뒤 꽉 막힌 '인사통(?)'들이 장악하게 된다.

역량 중심의 인사제도를 어떻게 구축할 것인가는 핵심 과제가 아닐 수 없다. 다음 [표 2-6]은 현행 인사제도의 문제점을 간략히 제시한 것이다.

표 2-6 │ 현행 인사제도의 문제점

영역	세부 내용
직무역량	• 승진에 필요한 각 영역별 점수와 학교장의 직무역량 간 상관관계가 명확하지 않음. • 교사의 핵심 과업인 수업, 생활지도, 학급 운영 외에 학교장이 되기 위해서는 별도의 준비 과정을 필요로 함. • 학교장에 필요한 직무역량과 리더십을 충분히 익힐 수 있는 시스템이 필요함. • 개인별로 별도의 점수를 취득하는 방식이기 때문에 교감 · 교장의 직무수행 능력에 대한 충분히 검증하기 어려움.
교직 문화	• 점수 획득을 위한 교사 간 경쟁 양상이 나타나고, 이것이 교직에 바람직하지 않은 문화로 작용함. • 가산점의 변화 방식에 따라 학교의 풍토와 일하는 방식에 영향력을 미침 (썰물 · 밀물현상, 과열 · 냉각현상 발생).
민주성	• 근무평정제도는 순기능(예: 조직 유지 기능)도 있으나 역기능(예: 민주적 의사소통 저해)도 발생함. • 단위학교 특성에 맞는 교감과 교장을 학교민주주의와 전문성의 원리에 의해 임용할 수 있는 제도 및 문화적 토대 취약함.
제약과 차별	• 교장초빙제의 실질 경쟁률이 낮고, 내부형 공모제의 선호도는 높은 편이나 제도상의 제약으로 인해 늘리기 어려움. • 교육전문직원을 상위자격 취득의 지름길로 인식하는 경향이 강하며, 4~5년 이내의 짧은 근무 기간과 잦은 업무 변경으로 인해 전문성이 축적되지 못하는 상황이 반복됨.

출처: 김성천 외(2017) 16쪽 인용

3장

◇◇◇

미래학교와
승진제도 변화

주민직선 교육감제의 도입 이후 교육청과 단위학교에 과거보다는 비교적 역동적인 변화가 나타나고 있다. 예를 들어, 혁신학교 사업은 교원의 자발적 실천을 통해 학교가 변화할 수 있다는 가능성을 보여 주었다. 그러나 교원의 자발적 실천만으로는 혁신학교의 지속가능성을 담보하고, 일반 학교로 그 가치와 철학, 실천 방안이 확산하는 데 한계가 있을 수 있다. 결국 소프트파워soft power라고 할 수 있는 '학교 문화'와 하드파워hard power라고 할 수 있는 '제도 개선'이 동시에 필요하다.

앞서 언급하였듯이, 교원 인사제도는 학교 구성원의 실질적인 변화를 이끌어 내는 중요한 동력 중 하나이다. 교원 인사제도 중 현장의 교원에게 가장 큰 영향력을 미치는 정책은 교원 승진제도라고 할 수 있다. 하지만 1964년 제정된 「교육공무원임용령」 제16조에 승진 임용 방법을 "임용권자 또는 임용제청권자가 소속 교육공무원을 승진 임용하고자 할 때에는 승진후보자 명부에 등재된 선순위자 순으로 임용하거나 임용제청을 하여야 한다."고 규정하고 있다. 1964년 제정된 「교육공무원 승진규정」에는 경력·근무·연수성적평정, 기본경력과 부가 경력, 승진 후보자 명부 작성 등의 방식을 제시하고 있는데, 그 당시 만들어진 틀이 아직도 유지되고 있음을 알 수 있다. 과거와 마찬가지로 지금도 학교 현장에서는 승진을 위해 다수의 교원이 노력하고 있으며, 승진을 위한 경쟁도 여전히 치열하다. 매해 반복적으로 나타나는 교감·교장 임용의 적체 현상이 이를 잘 대변해 준다.

이런 승진제도와 관련된 정책이나 연구는 지속적으로 등장했지만 큰 변화의 방향을 보여 주지는 못했다. 기존의 제도적 틀을 부분적으로 개선하였거나, 가산점 부여의 정당성을 얻기 위한 미시적인 연구가 주류를 이룬다. 인사제도 연구가 실제 정책으로 이어진 사례도 드문 편이다. 한국교육개발원에서 실시한 연구가 참여정부 시절 교장공모제의 일부로 이어진 사례를 제외하면 거의 찾아볼 수 없다. 승진제도가 누군가에게 유리해지면 누군가에게는 불리해지는 일종의 '제로섬 게임' 양상을 보이기 때문에 정책 담당자 입장에서는 이를 정책 의제로 발전시키는 데 부담스러운 측면이 있다.

당연히 교원단체 사이에서도 입장차가 크다. 한국교총은 현행 방식을 유지하면서 부분적 개선을 선호하는 반면, 전교조는 교장 선출보직제를 오랫동안 주장했다. 내부형 교장공모제에 관해서도 두 교원단체의 입장은 확연하게 다르다. '실천교육교사모임', '새로운학교네트워크', '좋은교사운동', '사교육걱정없는세상', '교육디자인네트워크' 등의 교원단체 및 교육단체는 현행 승진제도에 변화가 필요하다는 입장을 견지하고 있다.

미래학교와 교사의 모습

....

미래에는 '학교'란 개념 자체가 변할 것이란 예측이 많다. 이제 교육이 일어나는 장소를 학교로 한정하는 인식에서 벗어나야 한다. 21세기는 다양한 장소와 공간에서 학습이 일어난다. 즉, 학교의 개념을 확장할 필요가 있다.

OECD(2001)의 미래학교를 위한 6가지 시나리오에서는 크게 '현행 유지', '축소', '기능 강화'라는 3가지 길을 제시했다. 명실상부한 학습 조직 전환과 네트워크 구축을 학교교육이 살아갈 수 있는 길로 전망한다.

김경애 외(2015)는 미래지향적 교육 체제의 특성을 인간성과 시민성 실현을 지원하는 체제, 교육의 질적 수준을 보장하는 체제, 누구에게나 열려 있는 학습복지 체제, 사회 다양한 분야와 세계를 아우르는 민주적 교육행정 체제로 제시하였으며, 교사의 역할로는 멘토링과 코칭, 평생학습자로서의 역할 모델을 강조하였다. 특히 네트워크와 유연한 통합학교, 거버넌스, 학습 생태계 등을 강조하고 있다.

이수광 외(2015)는 미래 트렌드를 소득 양극화 및 교육 불평등, 환경 생태계 위기, 세계화의 심화, 인구구조의 변화, 기술융합, 정보화, 남북한 통일로 규정지었다. 또한, 이에 대한 교육의 조응 방향으로서 교육의 사회통합 기능 강화, 교육의 생태적 전환, 국제적 표준의 적용, 세계시민교육과 다문화교육 강화, 영유아 보육 기능 강화, 여건 변화에 따른 정책 개발, 교육 분야 교류협력 확대 등을 강조하였다.

이러한 연구 결과를 고려해 보면 21세기에 걸맞은 한국의 교육 시스템은 어느 곳, 어느 장소에서나 혁신적이고 독립적으로 생각할 수 있는 능력을 배양하고, 그러한 환경에 적응하고 살아갈 수 있도록 학생들을 준비시켜야 한다(Toffler, 2001). 즉, 학교는 학생들에게 미래를 대비해 사고할 수 있도록 도와야 하며, 미래의 변화 방향과 속도를 예측할 수 있게 해야 한다. 그러기 위해 교사가 담당해야 할 역할은 다음과 같다.

첫째, 미래사회의 변화 속도에 맞는 평생교육을 지속할 수 있게 해야 한다. 우리 곁에 성큼 다가온 인공지능 시대에 따라 학교교육은 물론 산업과 직업세계에서 발생할 변화를 사전에 예견하고, 이에 면밀하게 대비하기 위해 끊임없이 공부하는 것이 국가와 개인의 경쟁력 유지와 강화라는 측면에서 필수적인 요건이라고 하겠다.

둘째, 교사는 가르칠 뿐 아니라 학생과 학부모에게 교육에 관한 협조자이자 카운슬러 역할을 해야 한다. 이는 교사가 다양한 배움의 기회를 안내하고 제공하여 학생의 다양한 끼를 살리고 북돋워 주는 예술가 역할도 해야 한다는 의미이다(Pineau, 1994).

셋째, 지역사회에 잠재해 있는 많은 인적자원을 교사 자원으로 활용해야 한다. 지역마다 분포되어 있는 다양한 분야의 직업을 가진 잠재적 교사 자원이 교실에서 활동할 수 있도록 학교 문을 열어 두어야 한다

(김경애, 2015; 김병찬, 2000). 마을교육공동체와 혁신교육지구사업이 강조되고 있는데, 교사가 지역사회를 알지 못한다면 아무리 많은 예산을 학교에 쏟아부어도 교육과정에서 지역의 가치를 구현하기는 매우 어려워질 수밖에 없다. 이른바 플랫폼 중심의 학교라든지, '퍼실리테이터'로서의 교사 모습을 강조하고는 있지만, 교원 인사제도에서 이러한 가치가 반영되지 않는다면 공문서에 갇힌 혁신에 머무를 가능성이 있다. 결국 가르침을 독점하고, 닫힌 전문성과 폐쇄적인 교육 방식을 고수하기보다는 유연하고 열린, 동시에 지역사회와 연계한 학습 시스템을 모색해야 한다. 이는 학교의 기능과 역할 변화에 맞춰 그에 맞는 교원을 발굴할 수 있는 인사제도가 필요한 이유이기도 하다.

승진제도 변화에 대한 교육 현장의 목소리[1]
....

교육을 바라보는 시선만큼이나 승진을 바라보는 시선 역시 각양각색이다. 따라서 승진제도가 앞으로 어떻게 변화해야 하는지, 또는 어떻게 바뀌면 좋을지에 대한 생각 역시 매우 다양하게 나타난다. 그래서일까? 제도주의를 연구하는 학자들 사이에서도 제도 변화를 설명하는 다양한 이론이 등장하고 있다. 그중에서도 대표적인 제도주의자 Streek

---

1 본 저서의 공동 저자인 신범철(2020)의 박사학위논문을 일부 인용하였다.

과 Thelen은 내부적이고 점진적인 제도 변화의 방식을 제도의 대체 displacement, 제도의 층화layering, 제도의 표류drift, 제도의 전환conversion 그리고 제도의 쇠퇴exhaustion로 나누어 제시한 바 있다(Steeck&Thelen, 2005; Mahoney&Thelen, 2010). Streek과 Thelen이 제시한 5가지 제도 변화 유형 중에서 제도의 대체, 층화, 표류, 전환의 관점에서 향후 승진제도의 변화의 방향을 전망해 본다.

제도의 대체

제도의 대체는 기존 제도가 새로운 제도로 바뀌는 것을 의미한다. 이런 종류의 변화는 갑자기 생겨날 수도 있으며, 급진적인 변화를 수반하기도 한다. 급격하고 갑작스러운 제도의 붕괴나 혁명을 통해 새로운 제도로 교체되는 경우도 있다. 또한 대체는 점진적인 과정일 수 있다. 이는 새로운 제도가 도입되어 기존 제도와 직접 경쟁할 때 발생할 수 있다. 새로운 제도는 과거 제도에서 '패자'였던 세력에 의해 종종 소개되기도 한다. 만약 기존 제도의 지지자들이 새로운 제도로의 대체를 막을 수 없다면, 점진적인 제도 변화가 일어날 수 있다(Mahoney&Thelen, 2010).

한편 Knight(1992)는 다음과 같은 조건이 충족되었을 때 전략적 행위자들이 제도를 변화시킬 수 있다고 보았다. 우선 제도의 변화를 추구하는 세력이 제도를 변화시킬 수 있을 만한 힘을 가져야 하고, 외부적 환경의 변화가 제도로부터 얻을 수 있는 장기적인 편익을 변화시킬 수 있어야 한다. 또한 변화된 제도가 구성원에게 더욱 유리한 분배 상황을 가져다줄 수 있다는 판단이 가능하도록 해야 하며, 제도를 변화시키는 상황에서 발생하는 문제점을 스스로 해결할 수 있어야 한다. 즉 의식의 변화가 반드시 동반되어야 한다.

> 승진제도의 개혁은 꼭 있을 것 같습니다. 주변에서 여러 가지 이야기들도 들리고요. 제도 변화가 있을 것이라는 말들이 지속적으로 들려오니까 학교 구성원도 그런 방향으로 인식의 변화가 있는 것 같습니다. 인식의 변화는 당연히 제도의 변화로 이어질 것이니까요.
>
> —A교사

> 제도가 변화하는 데 있어서 구조와 의식의 변화가 필요합니다. 그런데 의식의 변화는 항상 늦고 따라가는 형식이기 때문에 구조의 변화가 선행되어야 합니다. 그러기 위해서는 구조의 파격적인 변화를 먼저 보여 줘야 합니다.
>
> —A교감

교원 승진제도를 다른 제도로 대체하기 위해서는 제도 변화를 추구하는 세력이 제도를 변화시킬 수 있는 힘을 가져야 하고, 그를 위한 의식의 변화가 전제되어야 한다. 현재 교원 승진제도를 옹호하는 입장을 취하는 대표적인 세력에는 보수적으로 인사제도를 운영코자 하는 교육부와 전·현직 교장, 교감을 주요 구성원으로 하고 있는 한국교총 등이 있다.

반면에 교원 승진제도를 개혁하고 새로운 방식의 학교장 임용제도로 대체하려는 세력에는 전교조, 실천교사모임, 진보 성향의 전국시도교육감협의회 구성원 등이 있다. 2017년 진보 성향으로 분류되는 문재인 정부가 집권하였고, 그들은 공교육 혁신을 위한 교원 전문성 신장 방안의 주요 내용 중 하나로 '유능한 교사가 교장으로 임용될 수 있도록 현장 의견 수렴을 통한 교장공모제 확대'를 천명하였다. 동시에 전국의 17개 시·도교육감 중에서 13개 시·도교육감이 진보 성향으로 분류되고 있어 힘을 더하고 있다.

　학계에서는 기존 승진제도에 대한 문제점 분석을 바탕으로 이를 대체할 제도에 관한 연구가 지속적으로 이루어지고 있다. 여기에는 전문적 자격이수제도에 대한 연구가 주를 이루고 있다. 교사에서 교장으로 승진하는 체제가 아니라 양성 체제로 전환하고, 이를 위해 교장 양성 프로그램을 이수하여 교장자격증을 취득케 하고, 교장자격증을 취득한 후보자(교원)를 대상으로 공모를 하자는 제안(나민주 외, 2009; 김대유, 2011; 박상완, 2015), 대학원 수준 혹은 박사학위급의 교장전문자격증을 발급하는 교장 양성 프로그램 설치 제안(권정현 외, 2015; 박영숙 외, 2017), 영국형 리더십 아카데미를 설치하고 리더십 아카데미 이수자에게 교장자격증을 수여하여 공모교장 지원 자격을 부여하는 방안(김성천 외, 2017) 등이 제시되고 있다(이광현, 2018: 210에서 재인용).

　저희 세대는 이게 유예 기간을 두고 그때까지만 시행하는 일몰제가 되었으면 좋겠다는 이야기를 합니다. 그러지 않고서야 이런 악습이 계속될 것 같고, 그렇게 되면 저희들도 이런 제도로부터 자유로울 수 없을 테니까요. 기득권 해체를 위한 유일한 방법이 아닐까요. 무엇보다도 시급한 것은 승진 점수를 부여하는 항목의 조정, 그 후에 절대평가 방식의 도입도 생각해 볼 수 있을 것 같습니다.

—B교사

진짜 원하는 것은 승진제도 자체를 없애는 것입니다. 그런 걸로 승진 점수를 주지 말고, 정부에서 행정실무사를 많이 배치해 줘서 교사가 행정업무 때문에 에너지를 소비하는 일이 없었으면 좋겠습니다. 행정 업무 자체가 줄어들면 누군가가 일을 더 해야 할 필요도 없고, 점수 때문에 교사끼리 갈등하는 일도 사라질 것 같습니다. 결국 똑같이 일하기 때문에 누가 교장이 되어도 상관없는 수평적인 학교문화가 만들어질 것 같습니다. 교장은 교사들을 도와주는 역할이어야 합니다. 내가 더 많이 일하고 고생해서 교장이 됐다는 개념이 아니라, 교직원과 학교를 더 잘 돌보고 도와줄 수 있는 사람이 교장이 되는 구조로 바뀌지 않겠어요?

—C교사

교원 승진제도가 경력 중심의 제도에서 능력 중심의 제도로 대체되어야 한다는 패러다임의 대전환이 힘을 얻고 있다. 기존 제도를 대체하기 위한 시도 역시 계속되고 있다. 최근 정의당 윤소하 전 국회의원이 '교장 승진제도 폐지를 위한 교육공무원법 등 교원 관계법령 개정에 관한 청원'을 국회교육위원회에 제기한 바 있으며, 전북교육청을 시작으로 그 외 1~2개 교육청 등이 교장선출보직제 시범운영에 들어갈 방침이라고 밝히기도 했다. 또한 교사 출신의 내부형 공모교장이 본격적으로 등장하여 특색 있는 학교 경영 사례가 전파되기 시작했으며, 경기도교육청의 학교장 아카데미 도입 등 제도적으로 다양한 시도가 계속되고 있다.

한 학교에 3년 이상 있으면 그 교사가 어떤 사람인지 동료나 학부모는 다 알아요. 그중에서 자격 요건이 되는 교사 중 희망하는 교사가 입후보를 하고, 교사를 포함한 평가단의 투표를 통해서 교장이 되는 방식이 가장 이상적이라고 생각합니다. 내부 선출제도를 보완하는 방식이 좋을 것 같습니다.

―D교사

제도 변화는 반드시 필요합니다. 혁신학교의 경우 내부형 공모 등을 통해서 교장을 뽑기도 하잖아요. 이런 학교들이 앞으로 시간을 갖고 관점의 차이나 시행착오를 다듬어 나간다면 분명 나쁘지 않은 제도라고 생각합니다. 현행 승진제도의 각종 부작용을 살펴봤을 때 제도의 변화는 반드시 필요합니다.

―E교사

교장 아카데미 같은 것도 좋아요. 단 점수를 부여하는 게 아니라 자격 요건으로 말이죠. 내부선출제도 좋을 것 같아요. 인기투표가 될 것 같아서 걱정되기도 하지만, 교사들이 동의하고 정당성을 부여하는 학교장이 필요한 시대인 것 같아요.

—F교사

하지만 아직까지는 기존 승진제도를 대체하기에 역부족으로 보인다. 능력 중심의 학교장 임용제도에 대해서 다소 호의적인 여론이 형성됐음에도 불구하고 방법론 측면에서 충분한 준비가 부족했던 탓에 획기적인 제도 변화가 일어나지 못하고 있다. 교원 승진제도를 대체할 능력 중심, 양성 중심의 제도를 구체적으로 어떻게 설계하고 실시할 것인지에 대한 기본적 합의조차 없었다.

물론 내부선출형이 여러 가지 장점이 있습니다. 그러나 결국에는 구성원의 마음을 사야 하기 때문에 정치판이 될 것이고, 공정한 선거를 어떻게 하겠습니까? 사전 작업도 할 것이고, 금전 선거로 변질될 수도 있고. 그런 부작용이 학교 구성원의 집단 성숙도에 따라서 달라지게 될 것 같은데, 결국 명문화된 제도가 공정성을 얼마나 확보할 수 있는가가 쟁점이 될 것 같습니다.

—G교사

또한 제도의 직접 당사자인 교원은 기존 승진제도가 오랜 시간 지속되면서 양산한 각종 문제점을 직접 경험했음에도 제도 변화에 있어서 적극적이지 못하다. 교원은 학교장 임용제도의 변화 필요성 및 정당성, 제도 변화가 제공할 기회나 예측 가능한 문제점 등에 대해 대체로 무관심하거나 소홀한 실정이다. 제도의 변화에 민감한 이들은 소수라고 해도 목소리를 높일 가능성이 있고, 제도 변화가 필요하다고 생각하지만 당장 내 일이 아니라고 판단하는 다수가 침묵할 때, 혹은 현재의 질서에 동조할 때 제도는 기존의 틀이 그대로 유지될 가능성이 크다.

제도의 층화

제도의 층화는 새로운 제도가 기존 제도에 추가될 때 일어나며, 따라서 기존 제도의 구조나 관행은 변경된다(Thelen, 2003). '대체'와 달리 '층화'는 완전히 새로운 제도나 규칙을 도입하는 것이 아니라, 오히려 기존 제도에 대한 개선 amendment, 개정 revision 또는 추가 addition를 수반한다. 만약 개정안의 논리나 타협점이 기존 제도의 본질을 안정적으로 재생산하는 것을 보장한다면 이러한 층화는 상당한 변화를 가져올 수 있다.

우리나라의 학교장 임용제도는 이미 층화되어 있다. 다만 현재까지는 층화의 정도가 매우 미약한 상태이다.[2] 산술적으로만 따져 보면

---

2 이광현(2018)은 교장공모제가 전체 교장 임용제도에서 차지하는 비율이 '내부형'은 0.6%, '개방형'은 0.1%로서 사실상 승진형 위주로, 그리고 승진제도에 기반하고 있는 '초빙형' 위주로 유지되고 있다고 지적하였다.

2017년 3월 1일자 기준으로 99.3%대 0.7%로 층화되어 있다. Thelen은 층화가 새로운 제도를 도입하려는 세력이 기존 제도를 실제로 변화시킬 능력이 부족할 때 종종 발생한다고 보았으며, 또한 기존 제도에 오랜 제도적 관행과 함께 새로운 규칙을 추가함으로써 기존 시스템 안에서 작동하게 된다고 밝혔다.

이처럼 현재 학교장 임용제도는 기존 승진제도 안에 교장공모제가 추가되면서 층화되었으나, 기존의 승진제도를 옹호하는 세력이 교장공모제 확대를 격렬히 반대하면서 기존 승진제도 권역에서 극히 일부의 대안에 머무르는 한계에 직면했다. 특히 교장공모제가 초빙형 중심으로 운영되면서 승진제 출신 교장들의 임기 연장의 수단으로 활용되어 제 기능을 발휘하지 못하고 있다. 기존 승진제도는 8년의 중임제에 포함되지만, 공모제는 중임제의 제한을 받지 않기 때문이다. 따라서 일찍 승진했던 학교장으로서는 공모제를 통해서 기존 승진제 8년 외에 최소한 4년 이상의 알파를 보장받을 수 있다. 자격증을 지닌 공모제가 활성화되려면 지원 자격 풀을 넓히면 된다. 하지만 교장 결원에 맞추어 연수 통한 자격증을 주고 있기 때문에 제대로 된 경쟁 양상을 보이고 있지도 않다.

한편 교원 승진제도의 탈제도화 현상이 점차 사회적으로 부각되고 있다. 승진제도의 효력이 일부 교원 집단에게만 제한적으로 미치고 있으며, 제도권에서 이탈한 교원은 현행 승진제도를 통해 특별한 의미를 발견하지 못하면서 교직생활에서 동기부여가 되지 못하는 교원이 늘고 있다. 오히려 승진제도로 말미암아 업무 양극화를 비롯한 조직 풍토의 와해가 일어나는 등 부작용이 확산되고 있다. 학교마다, 개인마다 차이는 있겠지만 승진을 앞두고 있는 교사들에게 업무를 몰아주는 구조가 형성되고, 승진을 포기한 일부 고경력 교사들에게는 사실상 부담 없는 업무를 주게 된다. 이 과정에서 공평한 업무 분담 구조가 형성되지 못한 채, 누군가에게 업무를 덤터기 씌우는 구조가 나타난다. 교직 문화의 좋지 못한 모습인데, 근무평정의 굴레로부터 자유롭지 못한 승진을 앞둔 교사들은 합리적 업무분장을 요구하기보다는 업무의 독박 구조를 감내하기도 한다.

물론 현행 교원 승진제도는 신뢰도의 측면에서 우수성을 인정받고 있으나, 타당도의 측면에서 과연 승진제도가 측정하고 있는 평정 항목이 기능적으로 다변화된 지금의 학교를 경영하는 데 필요한 역량으로 구성되었는가에 대해 의구심이 들고 있다. 이는 제도적 효율성, 더 나아가 정당성 차원에서도 위협받고 있으며, 승진제도에 대한 학교 현장의 부정적 인식은 더욱 커져 가고 있다. 제도 변화를 요구하는 혁신 압력 역시 가중되고 있다.

결국 제도의 층화라는 관점에서 볼 때, 향후 학교장 임용제도는 교원 승진제도의 비율을 일정 부분 축소하고, 교장공모제를 확대하는 쪽으로 귀결될 수밖에 없다.

요즘 진보 교육감들이 대세잖아요. 그분들이 계속 변화 노력을 시도

하는 것 같아요. 어느 정도 새로운 교육에 대한 비전을 갖고 계신 분들이 새로운 방식으로 관리자가 되는 것에 대해 동의합니다. 승진제도가 이원화될 필요가 있다고 생각합니다. 기존의 제도를 유지하면서 새로운 형식의 제도를 7:3이나 6:4 정도로 운영하는 거죠. 기존 제도에서 노력해 온 분들의 입지가 좁아지기는 하겠지만, 새로운 모색은 반드시 필요합니다. 새로운 시도에 대해서 이익도 있어야 한다는 것입니다. 결과적으로 기존의 체제를 유지하면 적절한 비율을 찾아가는 형태가 좋을 것 같습니다.

—H교사

교원 승진제도는 전반적으로 변화의 흐름을 겪고 있다고 생각합니다. 현직 교사들의 의견이 지속적으로 반영된다면 승진을 통해 학교장이 되는 제도는 하나의 갈래 정도로만 존재하게 될 것이라고 봅니다. 여러 갈래의 도전을 허용하는 인사제도의 다각화가 바람직할 것 같습니다. 그래야 어떤 쪽으로 도전하든지 실패를 두려워하지 않을 것 같고, 다양한 능력을 가진 사람들이 다양한 경로의 노력을 할 것 같습니다. 그 결과 교육을 더 발전시킬 수 있지 않을까요?

— I교사

위 사례 교원들의 인식처럼 층화를 가장 현실적인 대안으로 바라보는 입장이 많았다. 실제로 이러한 움직임은 여러 방면에서 나타나고 있다. 우선 문재인 정부는 국정과제(50-5-3) 추진을 통해 젊고 유능한 교사가 교장으로 임용될 수 있도록 현장 의견 수렴을 통한 교장공모제 확대에 힘쓰고 있다. 그 일환으로 2018년 3월 교장공모제 개선을 위한「교육공무원임용령」일부 개정안이 국무회의를 통과하여, 교육 경력 15년 이상인 교원이 공모에 참여할 수 있는 학교(내부형 공모제)를 현행 신청 학교의 15% 이내에서 50%까지 확대하였다. 그럼에도 전국시도교육감 협의회를 중심으로 전교조, 실천교사모임, 교사노조연맹, 기타 학부모 단체 등은 내부형 교장공모제의 비율을 100%로 확대할 것을 요구하고 있는 상황이다.[3]

교원 승진제도의 층화가 이루어지기 위해서 선행되어야 할 점은 승진제 교장의 배출 비율을 감축하는 일이다. 현재「교육공무원법」제29조의2(교장 등의 임용) 제3항에는 특별한 결격 사유가 없는 한 (승진제) 교장의 임기를 4년으로 중임할 수 있도록 보장하고 있다. 학교장 인사의 적체를 해소하고, 학교 경영의 민주화를 도모하기 위해 1991년 '종신제'였던 학교장의 임기제가「교육공무원법」및「교육공무원임용령」의 개정을 통해 현재의 4년 임기제(1차 중임 가능)로 변경된 것이 사회적 변화 및 교육 환경의 변화와 무관하게 현재까지 지속되고 있는 것이다.

이에 학교장의 역량이나 업적에 대한 체계적인 중간평가 없이 4년씩

---

3 이들 단체는 2019년 11월 22일 서울시의회 의원회관 대회의실에서 교장제도 개혁 토론회 및 결의마당을 열기도 하였다.

2회에 걸쳐 임기를 보장하는 것은 지나친 특권이라는 비판도 설득력을 얻고 있다. 게다가 중임 보장에 따른 교장 임용의 적체 현상이 매우 심각한 수준이며, 이는 교원 간 불필요한 승진 경쟁을 심화시키는 요인으로 작용하고 있는 것도 사실이다. 따라서 「교육공무원법」 제29조의2(교장 등의 임용) 제3항의 개정을 통해 중임제를 개선하기 위한 논의가 필요할 것으로 보인다.[4]

　기존의 승진제를 완전히 무시하기 어려운 구조라면 8년 중임제가 아닌 승진제는 4년 단임만 보장하되, 이후에는 공모제만으로 학교장이 될 수 있는 시스템으로 전환할 필요가 있다. 이렇게 되면 자연스럽게 공모제가 활성화될 가능성이 높다.

표 3-1 | 학교장 임기제 개선 방안

현행	개정(안)
① 교장·원장은 교육부장관의 제청으로 대통령이 임용한다. ② 교장·원장의 임기는 4년으로 한다. ③ 교장·원장은 한 번만 중임할 수 있다. 다만, 제29조의3에 따라 교장·원장으로 재직하는 횟수는 이에 포함하지 아니한다. ④ 임용권자 또는 임용제청권자는 교장·원장으로 1차 임기를 마친 사람에 대해서는 제47조에 따른 정년까지 남은 기간이 4년 미만인 경우에도 특별한 결격사유가 없으면 제3항에 따라 교장·원장으로 다시 임용하거나 임용제청할 수 있다.	① 교장·원장은 교육부장관의 제청으로 대통령이 임용한다. ② 교장·원장의 임기는 4년으로 한다. ③ 교장·원장은 중임할 수 없다. 다만, 제29조의3에 따라 교장·원장으로 재직하는 횟수는 이에 포함하지 아니한다. ④ 항 삭제

이와 더불어 교장공모제도 개선할 필요가 있다. 1차적으로 교육자치 실현을 위해 교장공모제 운영학교 지정 비율, 공모교장 유형별 비율 등에 관한 운영 자율권을 시·도교육감에게 위임하고, 궁극적으로 현행 '초빙형', '내부형', '개방형'의 3개 유형에서 '통합형(가칭)', '개방형' 등의 2개 유형으로 단순화시키는 방안을 고려해 볼 필요가 있다.

표 3-2 │ 교장공모제 개선 방안 A

현행			개선(안)	
3개 유형	초빙형	⇨	2개 유형	**통합형(가칭)** (현 직위에 상관없이 15년 이상의 교육 경력을 가진 교원 누구나 지원 가능)
	내부형			
	개방형			개방형(현행과 동일)

또한 현재 시행되고 있는 교장공모제가 지닌 문제점도 해소해야 한다. 각 시·도 교육청 및 단위학교의 특성을 반영한 교장공모제 운영이 현실적으로 어렵다는 점(전수빈 외, 2019)과 교장공모제 심사 절차의 공정성과 투명성을 확보하는 데 근본적으로 한계가 있다는 점(연합뉴스, 2015.07.03.) 등은 선제적으로 개선해야 한다. 공모제 실시 과정에서 심사 풀을 일부 위원으로 제한하지 말고 대폭 늘리되, 학생과 학부모, 교

---

4 본 저서의 공동 저자인 홍섭근과 신범철은 2019년 12월 18일에 세종특별자치시에서 개최된 전국시도교육감협의회 교육현안별 교육정책임중심 소위원회 합동보고회에서 [표 3-1], [표 3-2], [표 3-3]의 교장공모제 개선 방안을 인천광역시교육청 연구진과 공동으로 연구하여 발표한 바 있다.

직원, 외부 전문가가 심의한 결과를 일정 비율로 환산·조정하여 심사하는 방법도 검토할 만하다. 교장공모제의 선발 과정을 핀란드의 교육청 공채 모델을 참고하여 개선하는 방안을 모색해 볼 수 있다.

표 3-3 | 교장공모제 개선 방안 B

현행		개선(안)
학교별 선발 심사 50% (학부모 위원, 교원 위원, 외부 위원) + 교육청 선발 심사 50% (교육청 공모교장 심사위원회)	⇨	**교육(지원)청 일괄 공채 및 학교단위 선발 폐지** - 공모제 교장 TO를 예측하여 교육청이 일괄적으로 공채를 운영 및 선발 실시. - 교육청 인사담당 실무자, 해당 학교 교사, 지역 전문가, 주민 등을 포함하는 통합 심사단 구성. ※ 심사단은 학교급별, 종류별 이원화하여 구성할 수 있음. - 아카데미 이수 유무, 최소 도서·벽지 근무경력, 최소 담임 및 보직교사 경력 등을 최소 공모자격으로 요건화하는 방안도 활용 가능.

끝으로 공모제 교장의 실적을 주기적으로 평가하는 현장 평가를 실시할 필요성이 있으며, 현장 평가는 교육청을 중심으로 통합평가단을 구성하여 운영하는 방식도 고려해 볼 필요가 있다.

종합해 보면 학교장 중임제를 개선하여 승진제가 보장하는 학교장의 임기를 단축할 필요가 있으며, 이를 통해 승진제 교장 TO의 감소분을 공모제 TO로 전환시키는 방안이 제도의 층화 관점에서 실행 가능한 제도 변화의 양상이다. 이 경우 승진제를 통해 배출된 유능한 교장들이 교장 임기의 연장을 위해 공모제를 적극적으로 활용할 수밖에 없으므로 동시에 교장공모제를 활성화시킬 수 있다.

또한 내부형 공모제가 확대됨에 따라 기존 승진제에 무관심했거나 이를 부정했던 교원들에게 기존 제도의 '점수 쌓기'와는 다른 방식의 자기계발 노력을 통해 학교장이 될 수 있는 경로를 다변화할 수 있다. 이는 기존의 승진제도를 큰 틀에서 유지하면서, 더불어 교장공모제라는 대안적 제도 역시 성장시킬 수 있는 방식의 제도 변화라고 볼 수 있다.

Thelen은 제도의 층화에 있어 가장 중요한 개념이 '차별적인 성장 differential growth'이며, 결과적으로 각각의 새로운 요소들은 그 자체로 제도의 작은 변화일 수도 있지만, 이러한 작은 변화가 축적되어 장기적으로 큰 변화를 가져올 수 있다고 밝히기도 하였다.

제도의 표류

제도가 안정성을 유지하려면 환경 변화 및 발생한 문제에 적절히 대응하며 변화를 추구해야 한다. 환경 변화에 적합한 방식으로 대응하면서 제도가 변화하는 성질을 '적응적 효율성adaptive efficiency'이라고 한다 (North, 2005). 하지만 환경의 변화에도 불구하고 제도가 경직된 상태로 제 기능을 다하지 못하게 되면, 즉 적응적 효율성이 떨어지게 될 때 궁극적으로 제도의 효과성이 떨어지게 되는데, 이때 제도가 위축되거나 쇠퇴하는 것을 '표류'라고 부른다(Streeck&Thelen, 2005).

교원 승진제도는 1964년 제정 이래로 다양한 문제점을 양산하며 각계각층의 비판을 받아 왔지만, 현행 승진제도가 교장 승진을 준비하는 교원들의 신뢰이익을 보호할 책임이 있다는 점, 현실적으로 교원들이 힘든 담임교사·보직교사·도서벽지 근무 등을 기피하고 있는 인사행정상 난맥을 해결할 대안이 없다는 점 등을 이유로 유지되어 왔다.

조금씩 수정될 것 같아요. 점수는 없어지지 않을 것 같지만. 더 세부적으로 많은 점수들이 생겨서 복잡해질 것으로 봐요. 부장도 앞으로는 20년 동안 한다고 그러잖아요. 요즘 교사들이 일을 안 하려고 하니까 행정적 편의를 위해서 계속 수정해 나갈 거라고 봅니다.

— J교사

이 제도가 60년 동안 지속되었다는 것은 쉽게 흔들리지 않을 만큼의 제도적 안정성이 있다는 반증입니다. 일종의 유기체처럼 된 거죠. 무슨 문제가 생기면 자정할 수 있는 능력을 갖추었다는 것입니다. 피상적인 폐단이 있는 것은 사실이지만, 여전히 유효한 제도입니다.

— B교감

또한 교총을 비롯한 제도 옹호론자들은 객관화된 점수 체계를 바탕으로 하는 현행 제도가 정치적 중립을 지키며 교장을 선발할 수 있는 가장 신뢰도가 높은 방법이라고 주장한다.

행정의 수단으로써 교원 승진제도만큼 통제 수단으로 좋은 것은 없습니다. 공정성의 측면에서도 마찬가지라고 생각합니다. 공모제 같은 경우에도 결국 최종 인사권은 교육감에게 있는데, 그건 줄만 잘 서면 된다는 뜻 아닙니까? 그러면 승진제도가 개선되었다고 볼 수가 없는 것이죠.

— A교장

현행 승진제도는 적응적 효율성은 다소 떨어진 상황이다. 많은 학술 연구와 언론 보도가 교원 승진제도의 기능론적 한계를 지적하고 있다. 뿐만 아니라 교직 사회나 학부모의 인식도 이미 충분히 부정적인 상황이다. 그들은 교장의 권한 집중과 현행 승진제도가 학교의 혁신을 가로막는 걸림돌이라고 인식하고 있다(뉴스1, 2019.05.15.). '사교육걱정없는 세상'을 비롯한 교육단체들도 현행 승진제도의 개혁을 강력하게 촉구하고 있다.

그러나 근본적으로 교원은 국가직 공무원에 해당하는 신분이며, 법과 제도상 교원 인사제도의 총괄적 운영권은 정부(교육부)에 독점되어 있다. 「교육공무원법」 등의 법률과 법령 등을 개정하지 않고서는 제도 변화의 방법은 전무하다. 법률 개정을 위해서는 정치권과의 연대 및 국민 설득 절차가 반드시 필요한 상황이다. 따라서 학교장 임용제도를 포함한 교원 인사권이 각 지방의 시·도 교육청으로 권한 이양되어야만 교육자치 시대에 부합하는 독자적 인사행정이 가능한데, 이는 향후 적지 않은 시간이 걸릴 것으로 예측된다.

저는 승진제도는 변화하지 않을 것 같습니다. 변하지 않는 교원들의
인식 때문이죠. 그리고 이미 승진 점수를 쌓은 사람들을 처리할 방법
이 없잖아요. 지금도 이런저런 점수가 생겼다가 사라지는데, 그것에
엄청 민감하거든요. 그런 맥락에서 변화는 상당히 어려울 것 같아요.
대단한 혁신이 있지 않고서는.

— K교사

현행 승진제도가 비판을 많이 받는 지점이 21세기 교육에 걸맞은 리
더를 길러 내지 못한다는 점입니다. 그러면 새로 바뀐 제도는 그런 리
더를 양성할 수 있는가? 이것 역시도 미지수입니다. 어떻게 이런 리더
를 기를 것인가에 대해 많은 사람들이 다양한 관점에서 논의할 필요
가 있습니다.

— L교사

Ikenberry(1988)는 제도가 지속성을 보이는 까닭이 '제도 변화에 소
요되는 비용과 미래에 대한 불확실성' 때문이라고 주장한다.[5] 이런 맥
락에서 향후 교원 승진제도는 지속되겠지만 표류할 수 있다. 윤소하 전
국회의원의 청원 기각 사례에서 볼 수 있듯이 승진제도 변화에 따른 행
정적 매몰비용을 감당할 대안이 현실적으로 없고, 이른바 '무자격 교장'

프레임을 통해 제도 변화의 '불확실성'을 끊임없이 자극하는 옹호 세력의 공포 마케팅도 한몫을 하고 있기 때문이다.

> 승진제도가 없어진다면 모두가 수평적으로 학교 일을 나눠서 하고 그러지는 않을 것 같아요. 승진가산점을 폐지하고 평준화시키면 아무도 일을 안 하려고 해서 엄청 많은 문제들이 생겨날 것 같네요.
>
> — M교사

> 정해진 제도에 순응해서 앞서가려고만 하지, 무엇이 옳은가에 대한 생각이 적었던 것 같아요. 이 제도를 바꿔야 한다고 주장하는 사람도 교사이고, 그럼에도 바꾸기를 원하지 않는 사람도 교사입니다. 굉장히 역설적인 모습이죠.
>
> — N교사

> 새로운 방식의 교장 임용제도가 도입되어도 결국 기득권을 가진 사람들이 자신의 사람들로만 뽑아서 채워 넣을 것이라는 불신도 있습니

---

5 Ikenberry(1988)는 제도가 지속성을 보이는 이유에 대해서 다음과 같이 밝히고 있다. 일단 형성된 제도 안에서 특정 개인이나 집단은 특권적 지위를 얻으며, 이들은 수혜집단으로서 현 체제를 유지하려고 애쓴다. 또한 제도 변화가 장기적으로 조직 전체에 노움이 될 수도 있겠지만, 단기적으로는 변화에 의해 상당한 불이익을 경험하게 되는 집단이 발생한다. 이때 변화의 긍정적인 효과를 설득력 있게 제시하기 어려운 경우 불이익을 받는 집단이 변화에 대한 저항을 성공시킬 수 있다. 결국 변화에 소요되는 비용과 미래에 대한 불확실성이 현 제도의 유지를 가능케 한다.

다. 어느 쪽이 되었든 이런 싸움이 우리 교사 집단을 또 분열시키는 것
에 대해서는 반대입니다.

— O교사

    교육 현장의 교원들은 (승진 경로 입문 여부와 관계없이) 승진제도에 대
해 부정적 인식을 보이는 경향이 많다. 60여 년이나 지속된 제도이기에
다양한 문제점과 한계를 인식했음에도 불구하고 인터뷰에 응했던 교원
들은 향후 제도 변화가 쉽게 일어나지는 못할 것이라는 회의적인 반응
을 보였다. N교사의 푸념처럼 현 제도를 가장 바꾸고 싶어 하는 주체도
교원이고, 이를 가장 반대하는 세력도 교원이다. 이런 모순이 계속된다
면 교원 승진제도의 '표류'는 계속될 수밖에 없다.

    현재 교원 승진제도는 표류하고 있는 듯하다. 교원 승진제도는 우리
나라의 산업화, 민주화, 4차 산업혁명 시대의 도래 등을 관통하면서도
쇠퇴하거나 중단되지 않고 그 생명력을 자랑한 바 있다. 그뿐만 아니라
제도 구성원이 변화를 불안해 하고 있으며, 정책 입안자들은 제도 변화
에 따른 부담과 비용을 감당하길 원치 않는다. 그러나 교원 승진제도의
적응적 효율성이 상당히 떨어진 것만은 부정할 수 없는 사실이다. 그 결
과 교원 승진제도의 탈제도화 현상이 점차적으로 확산되어 나타나고
있다. 앞으로 표류가 얼마나 지속될 수 있을지 여부는 미지수이다.

제도의 전환

전환은 제도가 공식적으로 동일하지만 새로운 방식으로 해석되고 재정의redefinition될 때 발생한다(Thelen, 2003). 표류와 마찬가지로 변화된 환경 앞에서 태연히 있는 것이 아니라, 제도의 고유한 모호성을 적극적으로 이용하는 행위자들에 의해 재구성된다. 새로운 지지자들이 서로 통합하거나 정치적으로 연합하면서 권력관계가 변화한다. 이는 구 제도를 해체하기보다는 새로운 방식으로 활용함으로써 제도의 전환이 일어난다(Selznick, 1949).

제도의 전환이라는 관점에서 볼 때, 교원 승진제도 역시 제도의 전환이 예상된다. 현재처럼 각 해마다 교장의 결원 수만큼의 인원을 평정(총)점 순위대로 서열화하여 교장 자격을 부여하는 것이 아니라, 현행 제도를 최소 자격기준으로만 활용하는 방식으로 전환하는 것을 의미한다. 이러한 방식은 현행 제도를 전반적으로 유지할 수 있다는 장점이 있다. 교원 승진제도 중단이나 폐지에 따른 매몰비용을 감당하지 않아도 되고, 현 제도의 장점을 일정 부분 활용해 교장 임용 대상자를 1차적으로 검증할 수 있다. 또한 현행 승진제도를 임용이 아닌 자격 부여를 위해 폭넓게 활용하는 방식으로 전환할 경우, 교장 자격자 인력풀이 넓어져 역량 있는 교장을 선발하는 데 당장 효과적일 것으로 판단된다.

> 승진제도의 변화가 옳다고 생각합니다. 물론 그 과정에서 혼란이 생길 것 같습니다. 그럼에도 지금의 제도는 문제가 많다고 생각합니다.

1정 연수를 받는 것처럼 특정 경력 이상이 되면 누구나 교감·교장 자
격증을 받을 수 있게 했으면 좋겠습니다. 그리고 자격자 중에서 희망
자는 누구나 공모해서 선출될 수 있는 그런 제도가 되었으면 좋겠습
니다.

— 경력 13년 P교사

저는 변화가 있을 것이라고 생각합니다. 노력한 교원 누구에게나 교
감 자격을 주는 거예요. 중요한 경력 몇 가지만 채우면 누구나 교감 자
격을 받는 식이죠. 그들이 쌓아 온 경험이 학교의 중요한 업무나 흐름
을 파악하는 데 일정 부분은 필요하다고 생각합니다. 진짜 핵심적인
경력만 갖추고 법적으로 문제가 되지 않는 인격을 갖추면 누구나 교
감 자격을 줘야 합니다. 그 후에는 원하는 시기나 학교에 지원하여 선
출받을 수 있게 도전하는 방식이죠. 교장도 마찬가지고요.

— 경력 17년 Q교사

이와 관련한 연구는 2017년 전국교육정책연구소네트워크가 공동으
로 실시하여 안을 제시한 바 있다.[6] 이 정책연구 보고서에서는 가산점
을 폐지하고 공통가산점, 연수성적평정 등도 자격 기준 방식으로 선회

---

6 이준희, 최환영, 고의숙, 김권호, 이정희(2017), 교육과정 중심의 교원 인사정책 개선 방안 연구: 교감교장제
  도를 중심으로, 전국교육정책연구소네트워크.

해서 최소 자격기준으로만 활용하여 교감·교장을 선발하는 안을 제시하고 있다. 연구자들은 이와 같은 방식이 실현될 경우 기존의 승진제도를 통해서도 교육과정을 지원하는 역량 있는 교사들이 교장으로 배출되고, 내부형 교장공모제와도 수렴할 수 있을 것으로 내다봤다.

> 변화는 반드시 있어야 합니다. 학교가 정치판이 되는 것은 우려되지만 공모제가 필요하죠. 그런데 공모를 할 때도 교무부장 경력이 몇 년 필요하다든지 등의 자격 요건 제도를 실시하면 좋겠습니다. 지금처럼 소수점 몇째 자리를 다투는 과열 경쟁 말고요. 부장교사 경력이 몇 년이고, 동료 교사나 학생, 학부모 등에게 평판이 어떠하고 등을 평가해서 해당 학교에서 내부형 공모를 하는 게 맞다고 봅니다.
>
> ─ 경력 8년 R교사

> 모든 교원의 불만이었던 점수부터 없애고 있다는 게 긍정적이라고 봅니다. 청소년단체 같은 것을 없애면 결국 우리 모두에게 좋은 일이니까요. 그 밖에 것들은 교사 누구나 쉽게 접근할 수 있는 점수로 변환되는 과정으로 보입니다. 결국 현행 승진 점수는 최소 자격기준으로만 활용되지 않을까 싶어요. 예를 들어, 몇 점 넘는 사람들이 아카데미로 들어가고 그 후에 공모에 도전할 수 있는 방식이요. 이런 방식이 효율적이지 못할 수도 있지만 옳은 방향이라고는 생각합니다.
>
> ─ 경력 10년 S교사

이처럼 현실적인 제약으로 인해 제도의 혁신을 기대하기 힘든 교원 승진제도를 [표 3-4]와 같은 방식의 전환을 제안할 수 있다.

표 3-4 | 교원 승진제도의 전환

	현행 승진제도	전환된 승진제도
목적	학교장 임용	학교장 (기초) 자격자 배출
주요 기능	객관적 서열화	학교장 임용제도의 최소 자격기준
배출 인원	당해 연도 예상되는 교장 TO에 따른 최소 인원	특정 경력(예: 15년) 이상의 교원 중 30% 범위
기타 학교장 임용제도와의 연계	교장공모제 '초빙형'과 제한적 연계 가능	① 승진제 자격 획득 후 공모 자격 부여 ② 승진제 자격 획득자를 대상으로 선출보직제 ③ 승진제 자격 획득자를 대상으로 순환보직제

출처: 신범철(2020)

기존의 승진제도를 학교장 임용제도의 최소 자격기준으로만 전환하면서, 이 제도가 배출한 인력을 대상으로만 교장공모제, 선출보직제, 순환보직제 등의 다양한 방식의 학교장 임용제도에 응시할 수 있도록 하는 방안이다. 배출 인원에 대해서는 전문가 집단 및 교원단체, 교원 노조 등을 중심으로 합의가 필요할 것이나, 지금처럼 일부가 독식하는 구조를 탈피하여 두터운 인력풀이 구성될 수 있도록 해야 전환된 승진제도의 취지를 살릴 수 있을 것이다.

승진제도 개선 원리

....

좋은 학교, 행복한 학교를 만들기 위한 학교 혁신, 공교육 혁신에서 교사의 역할은 본질적이며 매우 크다. 그러나 혁신교육을 추동할 만큼의 교육공무원 인사제도는 여전히 논의 중이고, 명시적으로 준비되지 않았다. 특히 교원 승진제도는 1964년 이후 40여 차례의 개선 방안이 발표될 정도로 잦은 변화 과정을 겪어 왔는데도 불구하고 현재도 끊임없이 변화를 요구받고 있다. 지금까지 교원 승진제도 개선안이 시대적 변화에 따른 패러다임을 간과했거나 소극적으로 받아들였기 때문이다. '근대적 가치'와 '현재와 미래의 가치'가 구현되는 과정을 소홀히 했다고 할 수 있다. 이는 교원 인사정책 담당자들이 '과거'와 '근대'의 패러다임에 갇혀 있었다는 반증이기도 하다.

교원 승진제도 개선 방안을 만들기 전에 먼저 개선 원리를 논의해야한다. 대략 9가지 정도로 압축하여 원리를 도출했는데, 다음과 같다.

첫째, 경과 조치를 적용함으로써 기존 제도하에서 점수를 관리했던 교원들의 신뢰와 이익을 보호해야 한다(신뢰보호의 원리). 배를 급격하게 틀었을 때 오는 반작용을 감안할 필요가 있다.

둘째, 현행 제도적 틀 내에서 단기 적용이 가능한 방안과 법령을 바꾸어야 가능한 중장기 방안을 동시에 검토한다(시차적용의 원리).

셋째, 가산점 일부를 조정하는 방식을 벗어나서 중장기적으로는 새로운 승진제도 방식을 제안한다(프레임 밖 혁신 원리). 인사정책에도 상상력이 필요하기 때문이다.

넷째, 미래교육과 학교의 방향을 고려하고 그에 맞는 승진제도를 모색한다(미래 지향의 원리). 미래사회와 미래교육에 관한 담론은 인사정책에서 먼저 시작되어야 한다.

다섯째, 승진후보자의 직무역량을 다양한 방식으로 검증하고 확인하는 시스템을 모색한다(직무역량 중심의 원리). 승진 점수를 취득하는 데 필요한 점수와 영역이 학교장의 직무수행과 어떤 연관성이 있는가를 살펴야 한다.

여섯째, 학교장의 직위를 승진의 개념이 아닌 역할과 기능으로 바라보는 인식의 전환이 필요하다(인식 전환의 원리). 전제가 바뀌어야 상상력이 작동할 수 있고, 새로운 제도가 도입될 공간이 열린다.

일곱째, 기존의 제도가 도입되었던 이유와 맥락에 대해서 탐색하면서 기존 승진제도가 현장에 미친 영향은 무엇이며, 어떻게 개선해야 할 것인가를 성찰한다(성찰의 원리). 특정 제도의 순기능만을 고려하지 않아야 한다.

여덟째, 모든 방안에는 장단점이 공존하는데 장점은 극대화하고, 단점은 최소화하는 방안을 모색한다(장점 극대화, 단점 최소화 원리).

아홉째, 다양한 주체의 의견을 수렴하여 방안을 제시한다(공감의 원리).

표 3-5 | 승진제도 개선 원리

원리	내용
신뢰보호	경과 조치(병행 조치)를 함께 취함으로써 혼란 최소화
시차적용	현행 제도의 틀 내에서 가능한 단기 방안과 제도 개선을 통해 가능한 중장기 방안을 함께 제안
프레임 밖 혁신	승진 가산점 항목을 조정하는 기존의 방식에서 탈피한 방안 모색
미래 지향	미래학교의 변화, 현장의 요구, 해외 사례를 종합적으로 검토하여 미래형 방안 제시
직무역량 중심	대상자의 역량을 다양한 방식으로 확인할 수 있는 시스템 구축
인식 전환	학교장을 승진의 관점으로 바라보는 인식에서 벗어나 보직, 전직, 역할로 인식하는 흐름 조성
성찰	• 기존의 승진제도가 필요했던 맥락과 현실적 이유, 기여점 등을 고려 • 학교장에 필요한 직무역량, 학교장의 비전과 정체성, 기존의 승진제가 학교 문화에 미친 영향 등에 대한 성찰과 탐색 필요
장점 극대화, 단점 최소화	제안된 방안의 장단점을 분석하여 장점을 극대화하고, 문제점을 최소화하는 방법을 세밀하게 검토
공감	다양한 주체의 의견을 반영하고, 다양한 방법론(양적 · 질적)에 근거하여 정책 대안 제시

출처: 김성천, 홍섭근, 김영인(2017)

경기도교육청의 승진제도 개선 방안 연구[7]

. . . .

정책이나 제도는 어떤 메시지를 주고 있다. 그런 점에서 제도 개선을 시도할 때 방향을 어떻게 설정할 것인가는 매우 중요하다. 교원 승진제도

---

7 김영인 외(2016). 미래학교를 준비하는 교육공무원 인사제도 혁신 방안 연구, 경기도교육청.

의 혁신은 결국 '학교의 역할은 무엇인가', 학교 현장에서 '리더는 어떤 사람이고, 누가 리더가 되어야 하는가'라는 가장 기본적이고 근본적인 물음에 초점을 맞추어야 한다. 이에 현행 제도의 문제점을 파악한 후, 그에 맞는 거시적인 측면의 대안을 마련하고, 그 뒤 미시적인 대안을 고민하는 것이다. 거시적인 측면의 대안은 수업과 교육과정 전문가, 즉 미래학교에 어울리는 철학과 역량을 지닌 이들이 학교의 리더가 되는 방안을 찾는 연구를 하는 것이고, 미시적인 대안은 현재 문제가 되고 있는 것들을 조금씩 개선해 가는 방안을 마련하는 것이다.

지금부터는 실제로 경기도교육청에서 수행된 교원 승진제도 개선 방안 연구(김영인 외, 2016)를 소개하고자 한다. 해당 연구 결과를 요약하면 크게 2가지 방안으로 제시할 수 있다. 시·도 교육청의 인사 권한 범위 내의 제도 개선 방안, 교육부 및 국회 수준에서 다루어야 할 국가 차원의 법 개정을 통한 혁신 방안 등이다. 교육전문직원은 시·도교육감의 권한에 해당되는 반면에, 시행령은 대통령령의 법률안이기 때문에 국회의 협조는 필요 없지만 시·도 교육청이 할 수 없는 권한에 해당한다.

다음의 [표 3-6]은 경기도교육청이 제안한 승진 혁신 방안을 요약 제시한 것이고, 우측 찬성·보통·반대는 설문조사[8] 결과를 나타낸 것이다. 대안별로 선호도에 차이는 존재하지만 대체적으로 현행 체제를 고수하는 힘보다는 변화를 지지하는 힘이 훨씬 크다는 점을 알 수 있다.

8 해당 설문조사에는 1만여 명의 경기도교육청 교원이 직접 참여하였다.

표 3–6 | 경기도교육청이 제안한 승진 혁신 방안

혁신 방안	영역	현행 방식의 문제점	개선 방안 및 기대 효과	응답 교원 찬성 비율(%)
시 · 도 권한 범위 내 제도 개선 방안	교감 연수 대상자 인원 확대 및 면접 방법 개선	• 교감 결원 수만큼 기존의 승진 점수를 획득한 교사를 대상으로 면접을 보기 때문에 점수 획득을 하면 대부분 교감 자격 취득 • 형식적으로 면접이 이루어지며, 역량을 충분히 검증하기 어려운 구조임.	• 교감 결원 수보다 면접 대상자를 대폭 확대 • 면접 시간을 대폭 확대 • 같이 근무했던 교사 대상을 전수 온라인 설문조사 실시 • 교감자격연수 면접 대상자를 1배수+α명으로 확대 후, 심층면접과 현장 평가 결과 반영하여 최종 선정 • 승진가산점을 획득했다고 해도 면접과 동료 교사 평가에 의해 탈락할 수 있음.	찬성 64.63% 보통 22.61% 반대 12.76%
	교감 근무평정 방식	• 일단 교감이 되면 특별한 문제가 없으면 일정 시간 경과 후 교장으로 자동 승진하게 됨.	• 교감 근무성적평정 시 동료 교원의 온라인 현장 평가 결과를 적극 반영 • 교감에 대한 근무평정 권한을 교장과 교육장이 각각 50%씩 지니고 있는데, 교육장 평가 시 온라인 현장 평가 결과 반영 • 교감에서 교장으로 승진 시에 경력 순으로 근무평정을 주는 관행 제거	찬성 68.78% 보통 20.88% 반대 10.33%
	비선호 지역 교감 충원 방식	• 농촌 등 비선호 지역에서 교감으로 발령을 나는 경우 2년 정도 지나고 나서 타 지역으로 전출하는 경향이 강함. • 교감 발령을 기존의 순위명부 순으로 내기 때문에 본인이 원하는 지역으로 발령받기 힘든 구조	• 교감 발령 대기자를 대상으로 특정 지역(도교육청지정) 근무희망신청을 받아 3배수 범위 내인 경우 우선 발령 • 교감자격연수 성적 순으로 근무 희망지를 랜덤으로 발령하는 관행 제거 • 비선호 지역에서 근무를 원하는 교감 자원 충원 가능	찬성 50.29% 보통 34.53% 반대 15.17%

100

혁신 방안	영역	현행 방식의 문제점	개선 방안 및 기대 효과	응답 교원 찬성 비율(%)
시·도 권한 범위 내 제도 개선 방안	교장 승진 임용후보자 대상 동료 교원 평가 반영	• 일정 점수와 근무평정 점수를 획득하면 교감 에서 교장으로 자동 승진하는 구조임. • 비민주적인 행태를 보 이는 교감도 승진이 가능함.	• 기존에는 정량적인 가산점 만으로 전원이 교장으로 승 진되는 제도 개선 • 교장 승진 임용후보자 대상 동료 교원의 온라인 현장 평 가 결과 반영	찬성 68.57% 보통 21.47% 반대 9.95%
국가 차원의 법 개정을 통한 혁신 방안	교감공모제 도입	• 교장공모제는 운영이 가능하나 교감공모제 는 법적 근거가 없음.	• 교감자격증 소지자 대상 교 감공모제 도입(현행 교장공모 제와 같은 형태 법제화) • 공모교장과 승진 발령 교감 이 겪는 갈등 완화, 인사제 도 시너지 효과	찬성 37.61% 보통 24.04% 반대 23.23%
	특정 지역 신규교사 공모제	• 성적 순으로 발령 내 기 때문에 비선호 지 역으로 발령받은 신규 교원은 2년 이내 다른 지역으로 나가게 됨.	• 임용시험 성적과 상관없이 비선호 지역에서 근무를 원 하는 교사를 발령 내거나 별 도 면접을 거쳐 선발하는 시 스템 • 임용시험의 성적 순으로 발 령지를 결정하는 제도 개선 • 열악한 지역에 우수 교원 투입	찬성 37.57% 보통 33.88% 반대 28.52%
	내부형 교장공모 비율 확대	• 교감자격증과 교감 경 력을 갖추고 교장자격 증을 취득해야만 교장 임용이 가능함. • 교직 경력 15년 이 상인 교사도 교장으 로 임용될 수 있는 내 부형 제도가 있으나 자율학교의 15%로 제한	• (교사 대상) 교장공모 비율 교 육감 위임-현행 자율학교의 15%로 시행령으로 제한하 고 있는 규정 폐지 • 공모제 교장제도의 법안 취 지를 살리고, 시·도 교육청 의 인사 권한 회복	찬성 41.55% 보통 34.55% 반대 23.89%

혁신 방안	영역	현행 방식의 문제점	개선 방안 및 기대 효과	응답 교원 찬성 비율(%)
국가 차원의 법 개정을 통한 혁신 방안	교장 임기 4+4제	• 교장 임기는 8년으로 제한되어 있으나 공모제 교장은 적용받지 않음. • 교장공모제가 교장 임기제 연장이라는 비판 존재	• 공모제를 교장 임기에 포함하여 교장 임기는 8년으로 제한 • 공모제를 교장 임기 연장의 수단으로 남용 근절	찬성 44.42% 보통 34.68% 반대 20.90%
	리더십 아카데미에 의한 교장공모제 적용	• 좋은 교사가 좋은 교장이 될 가능성은 있지만 교사와 교장의 직무는 다른 차원이 존재 • 학교장에 필요한 리더십과 직무역량을 충분히 익히는 시스템 필요	• 교장 직무역량을 지원하는 학위과정 체제 도입 • 리더십 아카데미 과정을 이수하면 교장과 교감자격증을 받을 수는 있으나 발령을 보장하지 않음. • 리더십 아카데미 이수자는 교장공모제 지원 가능	찬성 44.85% 보통 26.80% 반대 28.35%
	교육부의 교원 인사에 관한 사항을 시·도 교육청으로 전면 위임	• 교원 인사에 관한 실질적 권한이 교육부에 있고, 교육청과 단위학교의 자율성이 매우 제한됨.	• 교육자치 상황에 맞는 학교 현장 중심의 법·제도 • 교장 임용제도 방식(승진-내부-공모-초빙)을 선택할 수 있는 실질적 권한을 학교운영위원회 등에 부여	찬성 35.43% 보통 31.69% 반대 32.87%
교육전문직원 임용 및 평가 방안	교육전문직원의 교감 전직 제도 개선	• 교육전문직원 근무 경력이 5년 이내로 묶여 있어서 전문성 축적이 어려움. • 교육전문직원이 교감 연수를 받게 되면 이후 교감 경력으로 인정받는 상응직 경력 제도에 의해 현장 교원의 불만 가중	• 교육전문직원 시험에 합격하면 교감 직위가 무조건 보장되는 시스템 개선 • 근속연수 4년 이상인 자를 대상으로 직무수행 역량 및 현장 평가 결과를 반영한 교감자격 연수 면접 대상자 선정 • 교육전문직원 임용 후 특별한 평가 없이 상위 자격증 취득하는 제도 개선	찬성 50.60% 보통 32.09% 반대 17.30%

혁신 방안	영역	현행 방식의 문제점	개선 방안 및 기대 효과	응답 교원 찬성 비율(%)
교육전문 직원 임용 및 평가 방안	수습 장학사 제도 적용	• 교육전문직원 시험에 합격하면 일정 시간 연수를 받고 바로 교육전문직원으로 활동하게 됨.	• 교육전문직원 직무역량과 교원의 직무역량은 상이하므로 일정 기간 인턴 과정을 설정하여 실습할 수 있는 기간 필요	찬성 60.88% 보통 27.50% 반대 11.62%
	장학관 일부는 관련 직무역량이 있다고 평가되는 교원을 대상으로 공모제 임용	• 장학사, 교감이나 교장 직위를 지닌 이들을 중심으로 장학관을 할 수 있는 폐쇄적 구조	• 일정 경력 이상의 교사도 장학관 공모제에 응모하고 능력을 검증하여 임용되는 시스템 구축 • 장학관 지원 인력풀 확대	찬성 54.38% 보통 28.60% 반대 17.02%
	지역형 트랙 장학사의 확대 적용 (도심 제외)	• 비선호 지역의 경우 1~2년 이내 여건이 좋은 지역으로 이동하는 경향이 나타남.	• 열악한 지역에서 오랜 기간 근무하는 지역형 장학사 필요 • 지역에 대한 애정과 네트워크를 지닌 교육전문직원 확보 필요	찬성 49.24% 보통 35.58% 반대 15.18%
	교육전문 직원의 행정 전문가형 도입	• 교육전문직원은 교장과 교감으로 나가기 위한 중간다리로 인식 • 교육전문직원이 지닌 고유의 가치 확보와 전문성이 축적될 수 있는 구조 필요	• 승진과 상관없이 교육전문직원으로 오랫동안 근무할 수 있는 시스템 구축 필요 • 교육전문직원이 승진의 수단이 아닌, 전문성 중심의 조직으로 전환	찬성 60.81% 보통 28.65% 반대 10.53%

[표 3-6]의 연구에서는 정책적 대안을 시·도 교육청의 권한 범위 내의 단기안과 국가 차원의 법률 개정이 필요한 중장기 안으로 구분하여 접근하고 있는데, 교원 승진제도 혁신을 위해 고안해 낸 단·중장기 방안은 다음과 같다.

첫째, 단기 방안으로 교감자격 면접시험의 강화와 면접 대상자 확대, 특정 지역 교감 우선 발령제, 교감 근무평정 시 온라인 동료 평가 반영, 교육전문직원 직무전문성 강화를 위하여 보직형 장학사 확대, 중간평가 도입, 장학사 근속연수 확대 등을 제안하고 있다. 우리는 승진제도를 논의할 때 교장을 중심으로 논의하고 있으나, 교감은 정책의 사각지대라고 봐도 과언이 아니다. 동시에 교육전문직원 역시 변화가 필요하다. 승진을 위한 도구로 교육전문직원을 바라봐서는 곤란하고, 고유의 의미를 발전시켜야 한다(김성천 외, 2018).

둘째, 중장기방안으로 교감자격증 소지자 대상 교감공모제 도입, 교사자격증 소지자 대상 교감공모제, 교사 대상 공모를 통한 교감자격연수 대상자 선발, 내부형(교사 대상) 교장공모제 제한 비율 삭제 및 교육감 위임, 교장 임기 4+4제(공모제 교감 임기 포함, 승진 발령은 1회로 제한, 공모제 확대), 교감·교장 리더십 아카데미 도입, 교원 인사 권한을 교육청 및 단위학교 이양 등을 제안하고 있다.

교장공모제가 가능하다면 교감공모제 역시 가능해야 한다. 교감이 학교에서 차지하는 역할과 비중이 적지 않기 때문에 후보군을 열어놓고 구성원이 심사하여 적임자를 고르는 시스템이 필요하다. 교감공모제의 경우 2020년 6월 전국시도교육감협의회에서 전국 유·초·중·고를 대상 온라인 설문조사를 진행하였다. 해당 내용의 경우 기 제정된 「자율학교법」에 근거, 교육부에서 시행령 마련으로 교감공모제(보직형 교감제)를 도입한다는 방침이다. 세부 운영 방침은 시·도 교육청에 위임하여 자율로 운영하는 것을 제안하고 있다. 실제 경기도교육청의 경우 2020년 기준 혁신학교가 700여 개가 넘는데, 모두 자율학교로 운영되고 있다. 만약 운영된다면 파급력은 상당할 것으로 보인다. 물론 연착륙 방안이 마련되어야 하므로, 현실적으로 초창기에는 내부형 교장공모제 확대와 같이 단계적이고 점진적으로 시행되지 않을까 생각한다. 그러나 제도의 도입만으로도 학교 교직 문화는 엄청나게 변화할 수 있을 것으로 예상된다.

교장에 필요한 직무역량을 사전에 충분히 익히고 학습하는 시간도 필요하다. 좋은 교사가 좋은 교장이 될 가능성은 높지만, 이는 필요조건이지 충분조건은 아니다. 교장의 직무와 교사의 직무가 일치하지 않기 때문이다. 교장자격연수가 있지만, 그 내용으로 교장에게 필요한 리더십을 충분히 충족할 수 있는가는 의문이 제기된다. 교장을 원하는 교사들은 학교장 리더십 아카데미(가칭) 과정을 일정 기간 이수한다. 다만, 리더십 아카데미를 이수했다고 해서 발령을 보장하지는 않는다. 공모제의 지원 자격으로 참고할 수는 있다. 향후 내부형 교장공모제가 지속적으로 확대된다면 학교장 리더십 아카데미를 지원 자격으로 학교나 교육청 차원에서 요구하거나 가점을 주는 방식을 검토할 수도 있다. 더욱 장기적으로는 내부형과 초빙형 공모제를 통합하고, 이 과정을 거친 이들에게 지원 자격을 부여할 수도 있다. 보다 자유주의적 시각에서 접근한다면, 학교장 리더십 아카데미를 거친 이들과 그렇지 않은 이들 간에 제도 경쟁을 통해서 그 성과를 추후 검증해 볼 수도 있을 것이다.

제시된 방안에 대해 설문조사를 실시한 결과, 찬성 비율이 반대 비율보다 높게 나타나고 있다. 다만 직급별, 경력별, 승진 입장별로 차이가 나타났는데, 평교사 집단에 비해 교장과 교감 집단, 고경력 집단, 승진 준비를 했거나 하고 있는 집단일수록 반대하는 경향성이 강하게 나타났다. 궁극적으로 연구 결과가 각 시·도 교육청의 특수성에 맞게 구체적으로 실천되기 위해서는 교원·학부모·학생 등 교육 주체의 다양한 참여를 보장하는 방안에 관한 연구가 제시되고, 실제 정책에 반영되어야 할 필요가 있다.

4장

◇◇◇

학교장 자격 및
연수제도[1]

1 경기도교육청(2017)에서 수행한 「학교장 리더십 아카데미 도입을 위한 정책 지원 방안 연구」를 수정 및 보완하였다.

지금의 학교장 역량은
시대의 변화에 부합할까

····

사회의 변화에 따라 학교 조직에게 요구되는 사회적 기능 역시 변화하기 마련이다. 우리나라 교육은 탈근대화를 통해 다원주의적·상대주의적 가치를 인정하는 사회로 변화하는 데 기여하였으며, 나아가 지식·정보통신·기술 등 무형자원을 기반으로 하는 지식기반사회로 전환하는 데 일조했다(신현석·안선회, 2015).

　사회의 변화와 학교의 변화는 서로 영향을 주고받으면서 유기적인 상호작용을 한다. 1980~90년대의 학교와 오늘날의 학교는 분명히 다르다. 학교는 사회의 종속변인이면서 독립변인이기도 하다. 학교가 사회의 흐름을 따라가기도 하지만, 사회의 흐름을 견인할 수도 있다. 그 변화의 중심에 학교장의 역할이 있음을 부인하기 어렵다. 따라서 학교가 변화하면 학교장에게 요구되는 역량도 변화할 수밖에 없다.

학교교육의 질 제고에 있어 학교장의 역량과 역할은 무엇보다 중요하다. Richardson(1987; 정금현, 2007에서 재인용)은 학교장을 '학교 변화의 문지기'로 표현하고, 학교장은 학교 효과성을 이루는 데 중요한 역할을 한다고 결론짓기도 하였다. 이처럼 학교에서 학교장의 역할 수행에 따라 학교 변화의 양상이 크게 달라질 것이라는 점은 보편적인 현상으로 여겨지고 있다(정금현, 2007). 결국 학교장의 역량은 개인적인 특성과 경험이 중요한 결정 요인이라는 점에서, 학교장이 될 사람을 제대로 선발하는 것은 매우 중요하다.

하지만 대부분의 교장 선발이 경력 중심의 승진제도를 통해 이루어져 단편적이고 획일적인 모습을 보이고 있다(김도기 외, 2016). 학교 현장에는 여전히 학교장의 권한 집중과 현행 승진제도가 학교의 혁신을 가로막는 걸림돌이라고 인식하는 경향이 크다(뉴스1, 2019.05.15.).

2018년 2월에 참교육연구소가 전국 유·초·중·고 교사 2,158명(가입 단체별 전교조 22.5%, 교총 23%, 기타 단체 5%, 단체 미가입 49.5%)을 대상으로 실시한 설문조사에서도 '현행 교장자격증을 기반으로 한 교장 승진제도가 실제 학교장의 전문성을 보장하는가'라는 물음에 28.2%가 긍정, 71.8%가 부정적으로 답변하였다. 이처럼 교원 승진제도에 대한 인식론적 한계에 대한 문제 제기는 거듭되어 왔다. 이와 더불어 교원 승진제도의 기능론적 한계에 대한 지적 또한 다양한 연구들을 통해 제기되어 왔다.

어느 조직이나 마찬가지지만, 학교의 획기적인 변화의 핵심은 리더에게 있습니다. 그런데 마침내 승진으로 교장이 되어 오늘의 교육을 이토록 망친 교장 승진제도 대신, 다른 피, 다른 DNA를 갖춘 교사들이 교장이 될 제도적 기회가 조성된 것입니다. 그래서 남한산초등학교 서○○ 교장, 조현초 이○○ 교장, 흥덕고 이○○ 교장 같은 혁신학교 교장들이 나올 수 있었습니다.

— 사교육걱정없는세상

앞서 교원 승진제도에 대해서 밝힌 것처럼, 우리나라에서 학교장이 되려면 크게 3가지 길이 있다. 우선 교사-교감-교장의 길을 걷는 일반 승진 트랙의 길이다. 다음은 교사-교육전문직원을 거쳐 교감자격증을 획득한 후 교감-교장의 길을 걷는 교육전문직원의 길이다. 마지막으로는 교사-교장을 거치는 내부형 교장공모제이다. 어떻게 교장으로 발령받든지 국가공인 교장자격증을 획득하게 된다. 또 하나의 길은 개방형 교장제도가 있는데, 극히 일부 특성화고등학교나 공립형 대안학교 등에서 적용하고 있을 뿐 일반화는 어려워 보인다. 교육부의 주관하에 약 4주간의 교장자격연수를 이수하면 교장 자격을 획득하게 된다. 하지만 위 3가지 방법 중에서 어떤 것도 빠르고 고차원적인 현 시대의 사회적 변화와 요구를 효과적으로 대응할 수 있는 학교장을 양성해 내지 못하고 있다. 그 까닭은 무엇일까? 몇몇 학자들의 연구 결과로 그 답을 대신한다.

박상완(2004)은 교장 승진 준비 과정에서 학교 관리직으로서의 자질과 역량을 제고시킬 수 있는 제도나 프로그램이 없으며, 그렇다고 기존 승진제도가 일반 교사의 전문성을 제고할 수 있는 프로그램이라고 보기도 어렵다고 분석했다. 또한 교원 승진제도는 '승진'에 초점을 둘 것이 아니라 교원의 전문성 신장과 교원이 필요로 하는 능력을 보충할 수 있는 프로그램으로 재구성되어야 하며, 교장 임용을 위해 별도의 교육행정 전문가 및 관리자 양성 또는 재교육 프로그램이 마련되어야 한다고 주장하였다.

유재환(2014) 역시 교장의 직무역량과 승진 항목의 연계성을 분석한 결과, 두 변인 사이에 연계성이 낮다고 분석하였다. 이는 승진을 준비하는 과정에서 교장의 직무역량이 자연스럽게 길러지는 방식이 되어야 하는데, 승진과 직무역량 강화가 별도로 이루어지고 있기 때문이라고 밝혔다. 게다가 승진을 하더라도 교장 직무역량 강화를 위해 별도의 노력을 투입해야 한다는 점에서 자원의 낭비라고 볼 수 있다고 지적하였다.

교장 직무역량과 승진 구조 사이에 연계성이 부족한 원인에 대해 분석한 조윤정 외(2016)는 「초·중등교육법」 제21조 제1항의 교장 자격기준에서 찾고 있다. 이 조항에서는 교장이 가져야 하는 직무역량을 기술하고 있는 것이 아니라 자격증 소유 여부, 교감 또는 교사로서의 근무기간, 교육이수 여부 등 일정한 자격기준만을 정하고 있을 뿐 갖추어야 할 역량에 대해서는 언급하고 있지 않다고 분석하고 있다. 따라서 교장 직무역량을 강화할 수 있는 방향으로 교원 자격 및 승진과 관련된 규정을 개정하고, 이 규정에 근거하여 시·도별 학교장 직무수행 기준을 구체적으로 마련해야 한다고 주장하였다.

끝으로 신현석 외(2018)는 승진평정 요소의 타당성이 결여되어 있으며, 승진평정에서 경력평정의 비율이 높아 오랜 교직 경력이 필수적이며, 이로 인해 '젊고 능력 있는 교장'의 임용은 원천적으로 차단되어 있다고 지적했다. 뿐만 아니라 근무성적평정의 객관성과 합리성이 결여되어 있다는 점 또한 문제점으로 지적하고 있다.

현재 학교장을 둘러싼 교육 환경의 복잡성, 유동적인 상황, 지속적인 교육 성과에 대한 요구가 증대되면서, 학교장에게는 학교 관리자의 역할을 넘어 보다 높은 수준의 리더십 역량이 요구되고 있다(박영호, 2011). 그럼에도 학교장에게 요구되는 기능적 변화와 현행 제도 사이에는 괴리가 존재한다. 이러한 상황은 여러 교육 문제로 확산될 가능성이 크다. 누가 학교장이 될 자격이 있으며, 학교장은 어떤 준비가 되어 있어야 하는가에 대한 교육계의 심각한 고민과 성찰이 필요하다.

교장 자격이 교원의 승진 문제로 연동되는 현상
....

현행 승진제도와 연동된 교장자격연수를 개편하려면 많은 어려움이 따른다. 교원 사이에서는 큰 문제가 없으니 그냥 유지하자는 의견도 있다. 학교운영위원회를 경험한 학부모는 이에 대해 부정적인 인식을 갖기도 하는데, 대부분의 학부모는 승진제도에 무관심한 것이 사실이다. 어떻게 바뀌든 현행 제도 내에서 적응한 교원에 대한 유예기간 내지 점진적 연착륙 방안은 필요하다. 그러나 현재 확대 추세인 교장공모제와는 개념 충돌이 있다.

현행 내부형 교장공모제의 경우 소수의 자리를 놓고 첨예하게 다투다 보니 일부 문제가 발생하고, 그에 대한 교원의 부정적인 인식도 존재한다. 교원이 승진해서 학교장이 되지 않는 OECD 선진국은 학교장의 역할과 리더십에 대한 체계적인 교육과정을 꾸준히 고민해 왔으나 우리나라는 아직 그렇지 않다. 더군다나 시·도교육감에게 신규 임용-교육전문직원-교감연수에 대한 자격연수 권한은 부여하였으나, 국가직 공무원이라는 이유로 교장자격연수에 대한 권한은 부여하고 있지 않다.

최근 시·도 교육청별로 혁신교육을 통한 지역 교육력 강화를 고민하고 있는데, 교장자격연수에서 10% 내외의 교육과정 자율권만 갖고 있다는 것은 문제가 있다. 교육자치 시대에 맞게 전국시도교육감협의회는 교육부에 관련 권한을 위임해 달라고 요구하였으며, 곧 제도 개선이 이루어질 것이다. 하지만 학교장 역시 국가직 공무원이라는 점에서 지역의 특색과 방향을 살리면서도 국가적 교육 비전과 정책 이해를 동시에 도모할 필요가 있다. 이런 점에서 교장자격연수 기관에서는 프로그램 혁신에 박차를 가해야 한다.

교원 신규 임용, 교감·교육전문직원 연수는 체계적으로 운영되고, 장기간에 걸쳐 역할을 인지할 기회를 갖는다. 반면 학교장의 경우 합숙연수 기간을 거쳤다고 해도 발령을 받을 때까지 적지 않은 시간이 소요된다는 점을 감안한다면, 좋은 연수를 받았다 해도 그 효과는 반감될 가능성이 있다. 또한 관련 연수가 학교장의 직무수행에 실제로 어떤 도움을 주었는지 확인하기도 어렵다. 이러한 현실적인 한계로 인해서 자격연수만으로 학교장의 역량이 제고되었다고 보기는 어렵다. 이는 앞서 경기도 전체 교원 대상 온라인 설문조사 결과에서도 여실히 드러난다. 일반행정 분야의 자치는 이미 안정적으로 정착되어 자리 잡아가고 있지만, 교육자치는 아직 제대로 된 기반을 잡고 있지 못하다. 학교민주주의의 가장 핵심에 서야 할 학교장의 역량 강화에 대한 기대에 충족할 수 있는 제도적인 기반이 조성되어야 한다.

그 중심에는 학교장 리더십을 기를 수 있는 별도의 교육기관이나 교육과정, 즉 학교장 리더십 아카데미 같은 제도의 도입이 절실하다. 이는 늘 어떻게 자격증을 주느냐의 문제로 귀결되지만, 자격증 수여 문제는 차치하더라도 좋은 교장을 어떻게 만들 것인가에 대한 고민은 반드시 필요한데, 현재 그런 고민이 교육부·교육청 어디에서도 보이지 않는다. 교육자치가 강화되고 교장 승진제도에 대한 고민이 일부 있었지만, 어떤 철학을 가진 교장을 누가, 어떻게 발굴하고, 육성·학습시킬 것인가에 대한 고민은 미약하다. 더 나아가 정부의 교장공모제 확대 방안과 맞물려 시·도 교육청의 자구책이 필요한 시점이라 많은 고민이 필요하다.

일부에서 학교장 리더십 아카데미 도입이 자격증을 남발하거나, 특정 세력에게 자격증을 몰아주기 위한 꼼수라는 비판 논란도 있었지만, 일반 국민과 학부모의 요구는 교원이 바라보는 인식과는 차이가 있기 때문에 선제적인 움직임이 필요하다. 현재 학교장의 역량 강화에 대한 움직임이 학교·교육청 등 교육계 내부에서 먼저 일어나야 한다. 그렇지 않으면 외부로부터 어떠한 충격이 있을지 아무도 예측할 수 없다. 학교장 역량 강화 측면과 미래사회의 변화에 대비하기 위한 학교장 리더십 아카데미 도입은 반드시 필요하다. 내부의 상황이 복잡하여 정치적으로는 어렵지만, 정책적으로는 해답이 있다고 본다.

주요 국가의 학교장 리더십 아카데미 운영 사례와 시사점

. . . .

학교장 리더십 아카데미 운영의 내용과 방법 등에서 시사점을 얻기 위하여, 현재 학교장 리더십 교육을 강화하고 관련 교육개혁을 추진하고 있는 미국·영국·싱가포르·핀란드·호주 등 5개국의 학교장 리더십 교육 프로그램을 간략히 소개하고, 시사점을 살펴보고자 한다.[2] 주요 국가에서는 '학교장 리더십 아카데미'라는 용어보다는 '학교장 리더십 교육 프로그램'이라는 용어를 주로 사용하고 있다. 최근 학생의 학업성취도 향상이나 학교 개선 등에 있어 학교장의 역할이 단순한 관리 management 에서 리더십 leadership 으로 확장되면서 보다 체계적인 학교장 후보자의 선발과 양성이 강조되는 추세이다.

미국

① 교육 프로그램 운영

학교장 리더십 교육과 교장 역량 강화, 임용 등 교장 양성 및 전문성 향상에 관한 사항은 각 주의 교육부에서 담당하고 있다. 각 주의 교육부는 자신의 지역에 속해 있는 대학과 연계하여 학교장 리더십 교육 프로그램을 운영한다.

② 운영 사례: 테네시 주 밴더빌트 대학교 Ed. D. 프로그램

- 교육 기간은 3년이며, 기수별 20명 정도의 수강생으로 운영된다.
- 금요일이나 토요일에 강의가 진행된다.
- 고등교육 리더십 및 정책 과정과 교육 리더십 및 정책 과정으로 구분된다.

---

2 경기도교육청(2017). 학교장 양성 아카데미 도입을 위한 정책 지원 방안 연구: 공모제 확대에 따른 경기도교육청 상황을 중심으로.

- 교육 리더십 및 정책 과정은 학교 및 교육기관에서 근무 중인 현직 리더뿐만 아니라, 교육 리더가 되기를 희망하는 교육 분야 관련자를 대상으로 교육과정을 운영한다.
- 교육행정 이론 및 연구방법론, 현장 사례 교육 등으로 교육과정 내용이 구성된다.

영국

① 교육 프로그램 운영

지방교육자치를 바탕으로 운영하는 미국과는 다르게 국가 단일 프로그램으로 운영된다. 영국은 단위학교의 자율성이 상당히 강한 편이기 때문에 우수한 학교장을 확보하는 것을 매우 중요시한다. 교육 리더를 위해서 국가교육지도자연수원National College for Leadership of Schools and Children's Services을 설치하여 운영하고 있다.

② 운영 사례: 국가교장자격기준NPQH 프로그램

- 예비 교장을 위한 프로그램으로 예비 교장의 필요와 개인 수준에 맞는 개별화된 교육을 시행한다.
- 지원자가 온라인으로 지원 후 자기평가와 진단평가 등의 엄격한 평가를 거쳐 입학 자격이 부여된다.
- 전문가에 의한 일대일 코칭과 동료 학습, 다양한 연수와 세미나 참여, 현장 경험, 온라인 공동체 참여 등의 교육활동이 이루어진다.

- 교육 기간 중 작성한 자신의 포트폴리오를 졸업평가위원회에서 발표 후 통과되면 졸업이 가능하며, NPQH 이수증을 수여받는다.
- 프로그램에 참여하는 경비는 대부분 국가교육지도자연수원에서 지원해 주며, 개별적인 참가 경비 또한 학교에서 연수 수당으로 지원한다.

싱가포르

① 교육 프로그램 운영

학교장 양성 교육 및 연수 프로그램을 난양 공과대학교NTU의 교육정책 및 리더십 학과에서 운영한다. 이 대학의 학교장 리더십 교육 프로그램은 교육 리더에게 급속하게 변화하는 교육 환경 속에서 교육 조직을 효과적으로 이끌어 가기 위한 지식과 기술, 역량 등을 길러 주는 데 그 목적을 두고 있다.

② 운영 사례: NTU 학교장 양성 교육 및 연수 프로그램

- 13개 프로그램 중 8개 이수 + 석사논문/10개 프로그램 이수
- 조직학습 및 발달, 장학 리더십과 교육과정 구성, 재정 및 자원 관리, 양적·질적 연구방법론 등 13개의 프로그램이 개설된다.
- 교육 리더에게 교육 조직 관리와 관련된 핵심 이슈에 대해 이해시키고, 그들의 실제 과업 활동에 적용할 수 있도록 한다.
- 교육 조직 관리와 관련하여 현재 부딪히고 있는 문제들을 효과적

으로 대처할 수 있도록 지원한다.

- 공인되고 가치 있는 지식을 습득토록 한다.

핀란드

① 교육 프로그램 운영

핀란드는 직업교육 분야에서 시작하여 일반교육 분야까지 확대되는 큰 변화에 직면해 있다. 각 지방자치단체가 해당 지역 교육 운영의 실질적 주체인데, 현재 초·중·고의 운영에 있어서 지방자치단체 간 연합이나 협력이 늘어나는 구조적인 변화를 겪고 있다.

핀란드의 학교장 준비 과정은 8주간의 교육행정 연수와 시험을 거치면 교장에 응모할 자격이 주어진다. 핀란드 교육부는 학교장의 질과 자격에 관한 문제 등을 다루는 교육리더십센터Institute of Educationa Leadership를 만들어 이위베스퀼레 대학교에 설치했다.

② 운영 사례: 이위베스퀼레 대학교의 학교장 준비 과정

- 교육전문가 튜터링 제도와 협력학교 제도로 구성되며, 이를 통해 이론과 실제의 실질적인 조화를 추구한다(교육생은 엄격한 관리를 통해 전문적 역량을 갖추고 있는 현직 교장 및 현장 전문가로부터 튜터링을 받게 되고, 협력학교에 배정되어 학교 현장에서의 리더십과 학교 관리 등에 대한 노하우를 배우게 됨).
- 현직 교장과 함께 교장이 되고자 하는 현직 교사에게 18개월의 기

간 동안 다양한 방법을 통한 교육을 시행한다.

- 리더십 함양에 중점을 두고 있으며, 다학문적 접근을 통해서 교장 으로서의 핵심적인 자질을 함양시키는 데 그 목표를 둔다.
- 교장 준비 과정의 연수 기간은 15주이며, 25학점(25 ECTS)을 이수 해야 한다.
- 강의를 통한 학습을 하게 될 뿐만 아니라, 세미나에도 능동적으로 참여하는데, 모두가 2일짜리(금·토) 세미나에 10회 의무적 참여 를 필수적으로 요구한다.
- 교과목 : 교육 리더십, 교육정책, 교육행정과 입법 및 재정, 교육평 가 및 개발, 의사소통 및 인간관계, 현장 실습

호주

① 교육 프로그램 운영

최근 들어 학교장 리더십에 대한 관심이 높아지고 있는 추세로, 각 지 역 교육부가 해당 지역별로 학교장 리더십 교육 프로그램을 운영한다.

② 운영 사례: NSW 주의 교육 리더십 프로그램

- NSW 주의 교육부에서는 Professional Learning and Leadership Development라는 교육위원회를 구성하여 해당 지역의 학교와 교육기관의 리더십 교육에 대한 책임을 맡고 있다.
- 주로 온라인을 통해 이루어지는 개별화 프로그램 운영을 통해서

각 학교와 학교장의 특성을 반영하여 책무성 진단, 역할 지침, 학습 모듈 등을 제공한다.

- NSW 주의 학교 리더십 핵심역량 구조는 5개의 영역으로 구성되어 있으며, 이 리더십 역량 구조는 교육 리더의 선발뿐만 아니라 연수 및 재교육 과정에서 핵심적인 근간이 되고 있다.
  - 교육 : 교육적 적용 역량, 학습 촉진 및 환경 조직 역량, 배움공동체 구축 역량
  - 개인 : 전문적 가치와 윤리, 개인적 · 전문적 발달 의지, 의사결정 및 판단력
  - 전략 : 학교 비전과 문화 구축, 리더십 구축, 주도성, 전략 수립
  - 조직 : 목표 성취를 위한 자원 관리, 시스템 및 과정 관리
  - 인간관계 : 효과적 의사소통, 생산적 인간관계 조성, 구성원에 대한 격려

주요 국가의 학교장 리더십 교육 프로그램을 통해서 얻을 수 있는 시사점은 다음과 같다.

첫째, 학교장에게 필요한 핵심역량이 무엇인지 명확하게 제시하고 있으며, 이 역량은 교육과정의 핵심 영역으로 운영된다. 일반적으로 교육하는 데 있어서 합목적성과 타당성은 매우 중요하게 여겨진다. 학교의 리더라고 할 수 있는 학교장을 교육함에 있어서도 그 내용과 과정이

그들의 역량 개발 및 직무 기술 성장이라는 목적에 일차적으로 부합해야 한다. 이를 위해서는 학교장의 핵심역량을 규명하고 합의하는 일이 선제적으로 이루어져야 한다. 우리나라에서는 학교장의 역할과 과업에 대한 해석조차도 교육계 내부에서 분분한 상황임을 감안할 때, 이는 의미 있는 시사점을 제공한다.

둘째, 이론과 실제의 조화를 중요시한다. 즉, 학교장을 '이론으로 무장된 실천가'로 양성하려 노력한다. 이론적 지식이 없는 교육 지도자는 위험하며, 현장 경험이 없는 교육 리더십은 공허하기 때문이다. 주요 국가의 이론과 실제의 접점을 찾기 위한 노력은 우리나라 교장자격연수 제도에서 반드시 필요한 노력이다.

교원 승진제도를 통해 길러지는 우리나라 교장 임용제도는 '실제'를 교사 재직 기간 중 가산점 취득 과정을 통해 체득하고, '이론'을 교장자격연수 기간을 통해 1개월에 단기적으로 습득하기 때문에 실질적으로 이론과 실제의 조화를 얻을 수 있는 구조가 이루어지지 못한 것이 사실이다. 물론 석·박사학위를 취득하여 교장 직위에 오르는 교원도 있다고 반박할 수 있을 것이다. 하지만 교장·교감이 높은 평정점수를 받기 위해 각종 대학원에 무분별하게 입학해 승진 수단으로 변질됐다는 지적이 제기되고 있는 게 지금의 현실이다(한국교육신문, 2017.06.23.). 게다가 그들이 취득한 학위가 교육행정 및 학교 경영과 관련되어 있는 경우가 얼마나 될까?

셋째, 주요 국가에서는 엄격한 학사 관리를 바탕으로 최소 1년 이상의 교육 기간을 설정하고 있다. 물론 교육 기간이 교육의 질을 보장할수는 없다. 그러나 한국교원대학교 종합교육연수원이 명시한 2020년 교장자격연수 기간은 35일이며, 수업시수는 219시간에 불과하다. 학교장이라는 직위가 가지는 중량감, 리더십의 엄중함, 학교에서 발휘하는 합법적·정치적으로 발휘하는 권한 등을 고려했을 때, 과연 200시간만으로도 충분하다고 볼 수 있을까? 최소 3년은 배워야 할 중등 수학을 문제풀이 연습 없이 이론만 3개월 속성 과정으로 가르쳐서 진학시키는 것과 무엇이 다른가? 이렇게 배운 학생이 고등학교에 진학하여 어떤 성취도를 습득하게 될지 상상해 보면 쉬울 것이다.

넷째, 주요 국가는 현직 교장뿐만 아니라, 학교장 직위를 희망하는 교원에 대하여 학교장 리더십 교육 프로그램의 기회를 대체로 허용하고 있다. 사실 우리나라는 '교장 자격제'를 중심으로 운영되는 교원 승진제도 때문에 교사가 희망한다고 하여 교장자격연수 대상자가 될 수는 없다. 승진 경로에 입문하여 최소 20년 이상의 치열한 경쟁을 통해 교장승진 대상자에 들지 못한다면 교육 리더로 성장할 수 있는 별도의 교육을 받을 기회는 사실상 없는 것이다. 경쟁에서 승리한 특정 교사 집단에게만 제공되는 '특별한 교육 기회'를 어떻게 해석하면 옳을지 판단하는 것은 독자의 몫이다. 하지만 언제까지 '결과의 평등'이라는 관점에서만 바라봐야 할까? 교장자격연수를 받는 사람들은 젊어서 학교를 위해 충분히 고생한 교사들이니까? 노력한 자가 열매를 따는 일은 너무도 당연한 우리 사회의 섭리니까? 그들은 일반 교사와는 다른 엘리트 집단이니까? 우리 교직사회에 '기회의 평등'은 언제쯤 이루어져야 맞는 것일까?

왜 새로운 교장자격연수가 필요한가
....

학교장의 리더십과 관련하여 관리자보다는 지도자로서 학교장의 역할이 강조되고 있다. 학교장을 포함한 학교 내 리더십 역할을 담당할 사람들에 대한 체계적인 양성 방안의 하나로 학교장 리더십 아카데미 개설을 대안으로 볼 수 있다.

교장 자격과 관련하여 주요 선진국에서는 대부분 교사 자격 및 교직 경험을 요구하고 있다. 우리나라는 최근 개방형 교장공모제 등을 통해 일부 자율학교에 한해 교직 경험이 없는 경우에도 교장이 될 수 있도록 허용하고 있다. 이는 그동안 교직 경력자로 교장 자격을 엄격하게 제한해 온 데 따른 제도적인 유연성을 확대한 것이다. 그러나 주요 선진국의 최근 교장 자격 제도를 보면 대략 5년 정도의 교직 경험을 요구하고, 교장 자격 요건을 더욱 엄격하게 강화하는 경향을 보이고 있다. 이는 기본적으로 교장이 되기 위해서는 교수·학습 과정이나 학교 및 교직에 대한 이해가 필요하다는 인식에 근거한다.

이러한 점에서 볼 때, 학교장 리더십 아카데미 선발 대상자에 대한 교직 경력은 엄격하게 검토될 필요가 있다. 일부 국가에서 채택하고 있는 것처럼 보다 전문적이고 체계적인 학교장 리더십 교육 프로그램을 개발하고, 이를 장기적으로 의무화할 필요가 있다. 또한 핀란드처럼 고등교육기관의 학교행정, 경영 및 리더십 관련 프로그램을 적극 활용하여 대학원 과정 이수와 교장 자격 제도 및 학교장 리더십 아카데미를 연계시키는 방안도 고려해 볼 만하다.

또한 학교장 양성과 관련하여 교감(부교장), 부장교사 등 학교 내 리더십 지위에 있는 교사를 대상으로 한 체계적인 지원과 훈련 프로그램이 필요하다. 주요 5개국을 비교해 볼 때 학교장이 되기 전에 반드시 거쳐야 하는 직무 경험이 명확하게 정해져 있는 것은 아니다. 그러나 학교장은 대체로 학교 내에서 책임 있는 지위를 맡거나 농촌의 작은 학교 교장을 거쳐 대규모 학교의 교장이 되는 등(뉴질랜드 경우) 일정한 교장 경력의 발달 경로가 있는 것을 알 수 있다. 따라서 학교장 리더십 아카데미에 참여하는 대상자는 학교 내에서 리더십을 발휘한 경험이 있는 경력교사, 보직교사, 교감을 대상으로 선정할 수 있겠다.

체계적인 학교장 리더십 프로그램 개발을 위해서는 학교장이 되는 경로를 보다 체계화하고, 영국처럼 다양한 지위에 있는 학교 지도자를 위한 연수를 개발할 필요가 있다. 영국은 부교장이나 기타 학교 내 리더십 지위에 있는 교사를 위한 리더십 개발 프로그램을 운영하고 있으며, 대도시 지역의 도전적인 학교나 기타 여건이 어려운 환경에서 근무할 학교 지도자를 체계적으로 지원하기 위한 집중연수 프로그램을 운영하고 있다. 이러한 프로그램은 학교 현장에서의 실습을 겸해서 운영하고 있어 보다 실질적인 리더십 훈련이 가능하다.

따라서 학교 내에서 리더십 지위에 있는 교사에게 적절한 역할과 책임을 배분하고, 이들을 대상으로 리더십 훈련 프로그램을 운영할 필요가 있다. 지역사회와 학교의 갈등이 심하고, 교직원 문화가 비효율적이며, 비선호 지역에 입지한 학교 등 어려운 조건에 놓은 학교는 학교장 리더십 아카데미를 수료한 교원을 대상으로 교장 임용 자격을 두는 것을 고려해야 한다. 현행 4주 연수 체제의 한계는 극명하기 때문이다.

기존의 자격 연수 프로그램에도 혁신이 필요하다. 우리나라의 연수는 대체적으로 저비용 구조로, 투자를 별로 하지 않는다. 그렇다 보니 집합 연수와 강의식 연수가 주를 이룬다. 교원의 수준과 관심, 상황이 다른 점을 감안한다면 선택식 강좌가 많아져야 한다. 동시에 듣는 연수에서 참여하고 실천하고 나누고 공유하는 연수여야 한다. 특정한 문제 상황을 제시하고 이를 해결한 사례를 연구하고, 실행 전략을 모색해야 한다. 무엇보다 강사와 연수자의 경계는 더욱 허물어져야 한다. 연수자 스스로의 경험, 실행과 실천을 끄집어 내고 분석하면서 길을 모색해야 한다. 그렇게 보면, 연구와 연수는 분리되지 않는다. 실행연구의 관점에서 무엇인가를 실천하거나, 이미 앞서서 실천한 사례를 심층 분석하면서 특정 상황의 문제를 어떻게 돌파할 수 있는가를 몸으로 익혀야 한다. 이러한 과정을 실행학습, 실행연구로 칭할 수 있다.

상당수의 연수는 맥락과 실천의 공간이 분리된 상태에서 강사의 간접경험을 전수받는 방식이 많은데, 이를 전면적으로 바꾸어야 한다. 연수생의 삶과 경험, 실천에 이미 학교장의 리더십이 어떻게 구현되어야 하는가에 관한 길이 있다. 이를 다양한 방식으로 복기하면서 리더십을 가다듬어야 한다. 이를 위해서는 개인단위의 학습을 넘어 모둠단위의 학습으로 전환해야 한다. 동시에 듣는 학습에서 참여하는 학습으로, 연구와 연수가 분리된 방식이 아닌 통합된 방식으로 전환해야 한다.

최근 경기도교육청에서 학교장 리더십 아카데미[3]를 추진하는 과정에서 많은 논란이 있었다. 정치적인 해석으로만 접근하는 이들도 있었다. 간과하고 있는 사실이 있다면 정책과 연구는 별개의 성격을 가진다는 것이다. 더군다나 법적 근거가 없는 정책과 제도는 하루아침에 만들어지기 어렵다. 기존 승진제도는 대한민국 수립 이후 수십 년 동안 지속되어 왔는데, 하루아침에 변화되기는 불가능하다. 학교장 리더십 아카데미에 대한 법적인 근거가 생긴 이후에 교장공모제 확대에 대한 청사진이 나와야 추후 올바른 방향으로 나아갈 수 있다. 그런 점에서 현재 경기도교육청의 학교장 리더십 아카데미는 인력풀을 확보하는 차원에 머물러 있을 뿐, 자격 체계의 근간을 흔들 정도는 전혀 아니다.

역사가 증명하듯 즉흥적인 방식의 제도 수정은 현장의 혼란을 초래

---

3 추후 '미래교육 교원리더십아카데미'로 명칭과 기능이 변경되었다.

할 수 있다는 점을 간과해서는 안 된다. 정책은 안정성을 기반으로 혁신을 추동해야 한다. 방향성 측면에서 과연 학생들에게 맞는 미래형 교육 정책과 제도가 무엇인지를 고민해야 한다. 그렇지 않으면 교원이 이익 집단화되었다는 비판으로부터 자유로울 수 없다.

학교장의 역할이 무엇인지 명확하게 제시하는 것이 우선되어야 한다. 산업화 시대에는 학교를 교육부나 중앙정부의 통제에 따르는 기관으로 해석하고, 학교장은 그 역할을 묵묵히 수행하였다. 이러한 과정이 반복되다 보니 학교장의 상이 교육과정 전문가인지, 학교 경영자인지, 지역사회 네트워크를 잇는 사람인지에 대한 해석이 모호하기만 하다.

문재인 대통령 공약에 교장공모제 확대에 대한 내용이 들어가 있는데, 구체적으로 어떻게 할 것인지에 대한 내용은 없다. 어쩌면 정치권과 일부 외부인의 바람대로 개방형 카드가 확대될 가능성도 배제할 수만은 없다. 외국의 경우 개방형이 일반화되어 있으므로 국민을 설득하기에는 특별한 어려움도 없다. 현행 제도가 계속 유지될 것이라는 희망은 여론과 배치된다는 점에서 다소 낭만적인 관점이 아닐까? 이런 상황을 고려한다면 복잡한 내부형·초빙형을 통합하는 작업[4]이 필요하거나, 교장자격증에 대한 필요 유무를 고민해야 한다. 더 나아가 교감제도가 과연 학교 현장에서 필요한 것인가에 대한 고민으로 이어져야 한다.

계급화된 사회에서는 기능인을 양성하는 것은 쉽지만 혁신적인 사고

---

[4] 본서의 3장을 참고하기 바란다.

를 하는 이들을 양산하기는 어렵다. 이미 군인, 경찰 등 계급화된 사회가 어떠한 결과를 가져오는지 우리의 역사가 기억하고 있다. 교장·교감·교사가 학교 내에서 소통과 융합을 하며 자율적인 운영과 혁신 체계를 가지기 위해서는 다음의 2가지 방법을 고려해 볼 수 있다.

첫째, 현행 자격증 체제에 대한 재검토이다. 2정에서 1정으로 자격을 취득하는 과정은 지나치게 쉽다. 형식적인 과정에 불과하다. 최소한의 책무성과 질 관리 기제가 거의 작동하지 않는 시스템은 문제가 있다. 여기에 승진제도가 함께 결합되어 있다 보니 체계의 일관성이 보이지 않는다.

둘째, 견제와 균형의 원리에 따라 교사 집단이 교장·교감과 대응할 수 있는 집단의 힘을 갖는 것이다. 교장 및 교감자격증이 과연 필요한가에 대한 추가적인 고민 또한 필요하다. 자격증이 가져오는 장점도 있지만, 단점도 있다. 공무원 경력의 상당계급기준표[5]에는 교사 24호봉 이상인 경우 4급으로 규정짓고 있다. 교사는 단일호봉제를 가지고 있음에도, 별도의 교장·교감자격증을 가지고 있다는 것은 논리적 충돌을 가져온다.

동시에 고려해야 할 점이 있다. 최근 법제화·조례가 논의되고 있는

---

5 인사혁신처예규 제15호, 2015. 12. 23

교사회, 학부모회, 학생회가 그것이다. 현행 학교운영위원회는 '그들만의 리그'에서 벗어나기 어렵다. 일반적인 학교 여론이 반영될 수 있는 학교민주주의가 이루어질 때 학교자치는 완성될 수 있다.

장기적으로 교원이 승진해서 학교장이 될 수 있는 체제에 대한 한계를 극복하는 작업이 필요하다. 보다 근본적인 접근이 필요하다. 10~20년의 기간이 걸릴지라도 교사가 존중받는 문화를 만들어야 한다. 삶의 다양성의 가치가 교직에도 적용되어야 하며, 무엇보다 특정 분야의 전문성을 가지고 실천하는 교사들이 자부심을 가지고 살아가는 모델을 더욱 많이 구축해야 한다. 이미 교직에는 특정 분야에서 탁월한 실천력과 전문성을 보이면서 별처럼 빛나는 삶을 사는 이들이 적지 않다. 이런 이들을 교직 무대의 중심에 세워야 한다.

독일과 미국의 경우에는 선뜻 학교장을 하려 하지 않는다. 너무나 힘든 것을 알기에 그렇다. 역할에 맞는 직무와 책임이 강조되는 것은 당연하다. 그러한 학교장 역량 강화에 대한 제도가 완성된다면 반대급부로 교사가 존중받는 문화가 만들어질 것이다.

또한 현행 교장공모제의 경우 학교운영위원회 중심으로 운영되어 제한점이 분명이 있으므로, 학부모와 학생, 교사가 참여하는 형태의 교육공동체의 의견이 반영되는 구조로 전환할 필요가 있다. 학교운영위원회가 학교 여론을 반영하는 구조가 아니므로, 학교자치회[6]가 운영되는 방안도 고민할 필요가 있다.

다음 첨부된 표는 경기도교육청에서 2019년부터 시작하고 있는 미래교육 교원리더십아카데미의 교감과 교사의 교육과정이다. 고민 끝에 만들어졌고, 학습과 실행이 함께하는 과정이어서 연수 대상자의 만족도는 매우 높다고 알려지고 있다. 향후 시·도 교육청단위에서 교장자격연수 과정을 대체하는 과정을 만든다면 이보다 더 좋은 프로그램을 만들 수 있을 것이라 예상한다. 앞으로 교육부와 중앙정부에서 교장자격연수에 대한 권한을 시·도 교육청으로 이임하여 최대한의 자율성을 부여하는 방안을 도입해 보길 희망해 본다.

---

6 유은혜 의원실 개최 국회 토론회에서 논의되었던 사안이다(2017. 10).

표 4-1 | 교감과정 학습 흐름도(경기도교육청 미래교육 교원리더십아카데미)

구분	1학기					1학기계	2학기						2학기계	총계
시기	3월	4월	5월	6월	7월		8월	9월	10월	11월	12월	2020 1월		
	3/11~3/15	3/17~4/6	4/7~5/11	5/12~6/15	6/16~8/2		8/24	9/7~9/28	10/14~10/26	11/30	12/26~12/28	01/17		
연수형태	준비/공유·실행·지역·집합						준비공유·실행·지역·출석							
시간	16 · 7	26 · 7	24 · 7	24 · 7	24 · 7 · 80	229	5	4	5 · 62	5	25	5 · 3	134	363
중점학습역량	교육철학과 리더십	비전과 문제해결 전략	학교문화와 대인	미래학교 교육과정	교육 생태계와 학교 시스템		학교를 개선하는 '나'							
주제	· 교육철학 · 리더십	· 비전	· 학교문화 · 대인	· 미래학교 교육과정	· 교육 생태계 · 학교 시스템		· 통합 실천							
핵심내용	· 주제 관련 이론, 사례 탐색 · 미래교육 방향 모색 · 우리 학교의 현재 진단, 분석, 개선 방안 설계 · 학교 현장에서 주제 관련 실행학습 · 리더십 실천과 성찰(공유/지지/격려) · 리더십 코칭						· 우리 학교 개선 프로젝트 계획 수립/실행 · 실행 연구 논문 작성, 공유, 발표 · 리더십 실천과 성찰(공유/지지/격려) · 리더십 워크숍 · 리더십 코칭 · 역량평가(변화)							
이수평가	태도(· 인간존중 · 리더십)						수료식							
평가	학습평가	출석, 과제 평가					출석, 과제 평가, 논문 평가						종합평가	
	역량평가	실행연구 발표 평가(청중 평가), 코칭평가					실행연구 발표 평가(청중 평가), 코칭평가						종합평가	
		자기 평가, 동료 평가, 코칭 평가					자기 평가, 동료 평가, 코칭 평가						종합평가	

표 4-2 | 교감과정 시간 운영(경기도교육청 미래교육 교원리더십아카데미)

내용	시간(h)	세부 사항						
		구분	역량군	하위역량	출석 연수	지역 모임	합계	
1학기 모듈별 집중학습	223	철학	교육철학	1. 교육철학함 2. 교육가치의 자기 정의 수립 3. 학교교육의 가치 구현	20	3	23	교육철학 모듈
		태도	인간 존중	4. 이해와 소통	21		57	태도 모듈
			리더십	5. 리더십 개발과 실천 6. 반성적 성찰과 수련	14 5	7 10		
			비전	7. 미래지향적 사고 8. 비전 설정과 공유 9. 전략적 사고	22	5	27	비전 모듈
		전문성	학교 문화	10. 자율과 책임의 조화 지원 11. 협력적 교육 공동체 조성 12. 연구하는 학교 문화 조성	18	5	23	학교문화 모듈
			교육 과정	13. 미래형 학생 주도 교육과정 운영 14. 미래형 학생 주도 교육과정 환경 조성	21	5	26	교육과정 모듈
			학교 시스템	15. 학교 조직의 설계와 운영 16. 의사결정체제 구축과 운영 17. 갈등 관리와 전환 18. 학교 회계 운영	35		35	학교 시스템 모듈
			교육 생태계	19. 학교 간 협력 강화 20. 학교와 지역사회 연결	32		32	교육 생태계 모듈
기타	6	특강, 모듈안내, 아이스브레이킹						
합계	229							
2 학기	미래교육 체험학습 62	연수생이 직접 계획하고 수행하는 미래교육 탐방						
	3	미래교육 탐방 결과 발표						
	리더십 20	실행학습 (중간 발표회, 최종 발표회) 시기에 실행하는 리더십 워크숍						
	지역 모임 15	2학기 실행학습 공유를 위한 지역모임활동 (3회)						
	논문 지도/발표회 16	실행학습 연구 지원을 위한 전문가 초빙 논 문지도, 실행학습 연구 발표(중간 발표 1회, 최종 발표 1회)						
	역량 평가 5	BEI(Behavioral Events Interview)						
	수료식 3	준비된 미래교육 리더로서의 도전 시작						
	기타 8	특강, 안내						
합계	136	총 365h						

표 4-3 │ 교사교정 학습 흐름도(경기도교육청 미래교육 교원리더십아카데미)

구분	다듬돌	이음돌	도약	졸업리
단계 (월)	3월 1주	3월 ~ 8월	9월 ~ 12월	2020년 1월
모듈	오리엔테이션	교육철학 모듈 / 태도모듈(3월) 태도모듈 / 비전모듈(4월) 학교문화 모듈 / 교육과정 모듈(5월) 교육과정 모듈 / 학교시스템 모듈(6월) 교육센터 모듈 / 학교시스템 모듈(7월) 학교시스템 모듈(8월)	학교의 성장과 변화를 선도하는 통합실천 프로젝트 모듈	수료식
주제명	오리엔테이션	• 교육철학의 이해 • 학교문화조성 프로젝트 • 미래학교 교육과정 통한 프로젝트 • 창의적 조직설계 프로젝트 • 의사결정체계 구축 프로젝트 • 갈등관리와 전환 프로젝트 • 교육적 예산 운영 • 교육과정 리더십 • 교육생태계 이해 • 교육생태계 구축	학교의 성장과 변화를 선도하는 프로젝트 실천 • 우리학교 개선프로젝트 개발수립/실행 • 실행 연구 논문 작성 발표 • 리더십 실천과 성찰(공유/지지/격려) • 리더십 워크숍 • 리더십 코칭 • 역량평가(B term)	
핵심특징	• 아카데미의 준비주간! • 연수를 위한 준비 • 팀원/교차의 관계 형성	• 교육철학의 이해 • 아카데미 과정을 관통할 질문 • 인간이해와 소통 • 리더십의 이해 • 리더십 실천전략 • 리더의 성장 • 미래사회와 교육의 전망 • 비전설정과 공유 • 미래교육 현장체험학습 • 태도 역량(인간중심성과 수업의 세트를 위한 지속적 수련) • 교육철학이 밑바탕으로 아카데미 학습의 근간으로 작동 • 정기적 학습모임이 남(소리) 운영 • 학습자가 기획하는 미래교육연 참여 • 무모한 도전 48시간(해커톤)	• 학교 현장에서 리더로 성장하는 '나' • 지역몰 모임활동(3회)를 관계망 구축 • 실행연구 발표회(2회)를 통한 종합평가 • 전문가 그룹교수 네트워크과 연계 • B term을 이용한 역량평가 진행	
기간 (129일, 925시간)	3월 1주(5일, 33h)	3월 2주 ~ 8월 3주(113일, 820h)	9월 1주 ~ 12월 4주(10일, 69h)	1월 3주(1일, 3h)
연수형태	출석	출석, 원격 / 연수기관 파견 집중연수	근무 중 출석연수 / 출석, 지역모임, 원격	출석
평가 — 이수평가	출석	출석, 원격 / 출석, 과제평가	출석, 지역모임, 원격	출석
평가 — 학습평가	출석	출석, 과제평가 / 실행연구 발표회평가(소감평가, 누적평가)	종합평가	출석
평가 — 역량평가	자기평가, 동료평가, 교차평가	관찰, 과제평가 / 실행연구 발표회가(소감평가), 교차평가	종합평가	종합 인터뷰

표 4-4 │ 교사과정 시간 운영(경기도교육청 미래교육 교원리더십아카데미)

내용	시간(h)	세부사항				
아카데미 준비	33	연수생이 아카데미에 성공적으로 적용할 수 있도록 준비하고, 연수생의 출발점과 기대사항 & 요구도 파악				
		구분	**역량군**	**하위역량**	**시간(h)**	**모듈명**
역량 / 모듈별 집중학습	655	철학	교육철학	1. 교육철학함 / 2. 교육가치의 자기정의 수립 / 3. 학교교육의 가치구현	45	교육철학 모듈
		태도	인간 존중	4. 이해와 소통	90	태도 모듈
			리더십	5. 리더십 개발과 실천 / 6. 반성적 성찰과 수권	106 / 196	
			비전	7. 미래지향적 사고 / 8. 비전 설정과 공유 / 9. 전략적 사고	94	학교문화 모듈
		전문성	학교문화	10. 자율과 책임의 조화 지원 / 11. 협력적 교육 공동체 조성 / 12. 연구하는 학교 문화 조성	52	학교문화 모듈
			교육과정	13. 미래형 학생주도 교육과정 운영 / 14. 미래형 학생주도 교육과정 환경 조성	88	교육과정 모듈
			학교시스템	15. 학교조직의 설계와 운영 / 16. 의사결정체계 구축과 운영 / 17. 갈등관리와 전환 / 18. 학교 회계 운영	81	학교시스템 모듈
			교육생태계	19. 학교 간 협력 강화 / 20. 학교와 지역사회 연결	99	교육생태계 모듈

	내용	시간(h)	세부사항
1학기	학교방문의 날	32	연수생은 한달에 한번 정기적으로 소속교를 방문하여 학교 구성원들과의 관계형성 및 학습을 위한 데이터 수집
	대화와 공유(교류)	36	담임크자와의 전문적 리더십 교류의 시간
	미래교육 체험학습	62	연수생이 직접 계획하고 수행하는 미래교육 혁신 탐방(6월 3일~6월 11일) 및 탐방보고서 작성
	통합실천	18	무모한 도전 48시간(해야믄 방식의 미션 수행)
	지역모임	17	특강, 1학기 연수 종료시 특강 및 2학기 계획 수립의 시간
	논문지도	15	2학기 현장으로 돌아가서 실천하는 내용에 대한 협력적 토의토론(3회)
2학기	실행연구 발표회	4	실행학습 연구 지원을 위한 전문가(교수네트워크) 초방 논문지도(1회)
	리더십	21	실행학습 연구 발표회(2회) / 전문가(교수네트워크) 전문지도 포럼(2회) / 역량평가[KB6] 실시
	수료식	21	실행학습 발표회 시기에 실행하는 리더십 워크숍
	기타	3	준비모임 미래교육 리더들서의 도전 시작
	기타	8	특강, 안내

총 92시간

5장

◇◇◇

교원 신규임용제도[1]

1 김성천, 홍섭근, 정영현(2017)의 「초등 교사 임용후보자 선정경쟁시험의 문제점과 개선 방향 탐색(교육문화
연구)」과 김성천 외(2015)의 「교원과 교육·전문직원 임용제도 혁신 방안 연구(경기도교육연구원)」 보고서를 수
정·보완한 내용이다.

교원 임용시험은 교직을 준비하는 이들에게 교사가 되기 위해서는 무엇을 어떻게 준비해야 하는가에 대한 직간접적인 이정표로 기능한다. 실제 초등 임용시험은 교육대학교 교육과정과 교육 프로그램에 큰 영향을 미치고 있으며, 임용시험 합격률이 교·사대의 기관 평가에 적지 않은 비중을 차지하면서 그 영향력은 더욱 커져 왔다.

과거에는 국립대학 사범대 출신자를 우선 발령 냈는데, 헌법재판소에 의해 위헌 판결을 받은 이후 1991년 임용시험이 본격 도입되었다. 초기에는 객관식으로 치러지다가 지금은 논·서술형으로 진행되고 있는데, 임용시험은 도입 초기부터 현재까지 큰 틀에서 변화 없이 이어지고 있다. 이제는 근본적인 성찰과 대안이 필요한 시기이다. 무엇보다 시대의 변화에 따라 요구되는 교원 역량이 적지 않은데, 현행 임용시험이 예비 교사 시절 이러한 역량을 길러 내는 데 기여하고 있는지, 교·사대 교육과정의 변화를 유도하고 있는지에 대해 의문이 제기된다. 또한 임용시험 자체가 변별력의 기능을 담보하는 데 초점이 맞추어져 있을 뿐,

어떤 교사를 원하며, 어떤 방식으로 선발해야 하는지에 대한 심도 깊은 고민을 하지 못한 채 선발의 관행에만 사로잡혀 있다. 변별력과 공정성, 객관성을 임용시험의 제1의 가치로 여기다 보니 일종의 성역처럼 굳어졌고, 제도의 경직성이 누적된 '화석화' 현상을 보이고 있는 것이다.

그렇다면 무엇이 문제인가? 교원 임용시험의 문제에 대한 선행연구들을 분석해 보면 다음과 같은 문제점이 드러난다.

첫째, 임용시험의 평가 내용이 적절한가에 대한 의문이 제기되었다.

앞서 말한 대로 교원에게 필요한 역량을 임용시험이 제대로 평가하는지 그 타당성에 대한 우려를 표명해 왔다. 임천택(2008)은 임용시험 문항을 검토했는데, 현행 임용시험 문항이 교사의 자질을 타당하게 평가할 수 없다고 지적하였다. 신광호(2002)는 제1차 시험(필기시험)이 교원에게 요구되는 학력과 능력을 평가하는 데 타당성이 부족함을 밝힌 바 있다. 끝으로 김민조(2019)는 구인타당도, 내용타당도 측면에서 문제점을 지적했으며, 결과타당도 측면에서도 긍정적인 효과보다는 부정적인 영향이 많다고 지적하였다.

지필고사 위주의 1차를 보완하기 위해 수업 실연과 면접 등 보완적 장치로서 2차가 존재하지만, 사실상 당락은 1차에서 결정 난다. 1차와 2차를 합산하여 선발하는데, 2차에서는 기본 점수도 주고, 교육청 입장에서 굳이 2차에서 변별을 주어서 민원과 소송 등의 부담을 안아야 할 이유가 없기 때문이다. 1차에서 고득점을 받으면 2차 시험에서는 "면접관 뺨만 때리지 않으면 합격한다."는 수험생들의 우스갯말이 어느 정도 진실을 내포하고 있다고 봐도 과언이 아니다.

둘째, 임용시험의 방식에 대한 문제점도 지적되었다.

최돈형(2004)은 시험 공고 시기의 부적절성, 임용시험과 교원 양성 교육과정 사이의 연계성 미흡, 필기시험 비중 과다, 출제 문제에 대한 공정성 시비 제기, 출제 영역 사전 공고 및 채점기준표 공개 요구 사례 급증, 수업 실기 능력 평가 미흡, 형식적인 면접시험, 가산점 부여의 비합리성 문제를 지적하였다. 가장 뼈아픈 지적은 임용시험과 교원 양성 과정 사이의 연계성 미흡이다. 기출 문제에서 동일문항을 낼 수 없고, 변별력을 갖추기 위해서는 문항 난이도가 높을 수밖에 없다. 논·서술형 문항이라고는 하지만, 정답에 가까운 키워드를 포함하지 않으면 안 된다. 수험생은 결국 교·사대 교육과정만으로 임용시험 대비가 어렵다는 사실을 깨닫게 되고, 학원을 다녀야 하는 상황에 봉착한다.

권동택(2012)은 짧은 면접시험에서는 교사로서의 기본 자질과 인성, 교직 교양 및 교육과정에 대한 전문성을 적절히 평가하기가 어려워 현실적으로 형식적인 면접이 되고 있으며, 면접의 기준이나 지침이 애매할 수 있다는 점을 지적하고 있다. 교육청 입장에서 보면 대규모 신규 교원을 선발하기 때문에 효율적인 관리가 필요하다. 수업 실연과 면접을 위해 많은 시간을 투입하면 그만큼 비용 문제가 발생한다. 이런 상황이다 보니 개인의 역량을 수업 실연과 면접 시간을 통해 보게 되는데,

대부분 60분을 넘지 못한다. 한 번 뽑으면 평생을 가야 하는 교사 선발이 대단히 짧은 시간의 실연과 면접을 통해서 결정되는 상황이다.

셋째, 임용시험이 교원 양성기관의 교육과정 및 학생들의 진로 준비 과정에도 부정적 영향력을 미친다는 지적도 있다.

신광호(2002)는 임용시험 수험생들의 사교육비 증가, 심리적 부담 가중, 교원 양성 대학의 학원화 경향 초래, 지식 위주의 학습 행태 만연 등 각종 부작용이 심각하게 나타났다고 지적했다. 남수경(2006)은 국립대학교 사범대 학생들을 대상으로 한 설문조사에서 응답자의 90.5%가 온라인 강의나 임용시험 대비 전문 사설학원 강의를 경험하였다고 응답한 실태를 보여 주었다.

이처럼 현행 임용시험이 교원에게 필요한 역량과 자질을 평가하는 데 한계가 있음을 공통적으로 지적하고 있다. 이에 임용시험의 문제를 해결할 수 있는 대안을 제시한 연구들도 있었다.

조동섭(2009)의 연구에서는 외국의 교원 임용제도를 분석하고 소수 인원 선발과목 교원 임용제도의 개선 방안을 제안하였고, 최돈형(2004)의 연구에서는 연구 면접-실기고사 비중 제고를 위한 1차 합격자 선발 예정 인원 확대를 대안으로 제시하였다. 김운종(2013)은 교원의 역량을 교직 전문성(지식과 수행역량)과 교직 품성(인성과 태도)으로 나누어 볼 수 있으며, 이러한 역량을 토대로 하여 어떻게 교원을 선발할 것인지를 결정해야 한다고 주장했다.

김성천 외(2014)는 초·중등의 임용시험에서 교·사대 교육과정과 학교 현장이 유기적으로 연관되지 않고 있음을 밝히면서, 임용시험이 실제 교원의 역할 및 기능과 연관된 현장 중심으로 개편되어야 한다고 지적하였다. 예를 들면, 현장에서 교사들은 수업 못지않게 생활지도나 학급 운영에 에너지를 투입하게 되는데, 임용시험은 교과에 치중되어 있다. 교사들의 직무와 임용시험의 불일치 현상이 발생하고 있는 셈이다.

이러한 기조에 맞춰 교육부는 2016년 12월 교원 임용시험 체제 개편(안)을 내놓기도 하였다. 학교 현장의 실질적인 교육 혁신을 주도하는 전문성과 경험을 갖춘 교원 양성·임용 체제 구현을 목표로 하고 있으며, 변화하는 교육 환경에서 요구되는 핵심역량을 함양할 수 있도록 현행 교·사대 교육과정도 개편한다는 내용을 골자로 하고 있다. 또한 교원 양성 과정과 현장 간 괴리를 해소하고, 수업 및 생활지도 등 학교 현장에서 필요한 역량을 강화하기 위해 선발 후 일정 기간 교육과 현장 연수 기간을 거쳐 배치하는 방안, 즉 수습교사제를 검토하고 있다고 밝히기도 하였다. 물론 수습교사제는 예산 확보 등의 문제로 현재까지는 시행하지 못하고 있다. 문재인 정부의 국정과제에도 교원 임용시험 개편에 대한 내용이 제시되었다. 교육부는 2019년 교·사대 교육과정 개편과 교원 임용시험 및 실습제도의 현실화에 대해서 고민하고 있음을 보도자료를 통해 밝히기도 했다. 그리고 시·도 교육청에 교원 임용시험에 대한 실질적인 권한 위임(1차 형식 개선 권한 포함)에 대한 의지도 밝혔다.

법·제도상 임용시험의 특징
....

신규 교사의 채용과 전형 방법 그리고 가산점에 대한 내용은 다음에 제시하는 「교육공무원법」, 「교육공무원임용령」, 「교육공무원 임용후보자 선정경쟁시험규칙」에 규정되어 있다.

초등 임용시험의 주요 특징인 1차 시험은 필기시험으로, 2차 시험은 수업 실기와 면접으로 구성된 근거는 「교육공무원법」에 있다. 또, 공개전형 원칙과 가산점(만점의 100분의 10 이내의 범위)을 제시하고 있는데, 그 세부적인 내용은 대통령령에 위임하고 있다. 한편, 선발 예정 인원을 응시자의 1.5배수로 선발하는 방식 역시 「교육공무원법」 제17조에 기인하는데, 다만 선발 예정 인원의 1.5배수 이상이기 때문에 교육청에 따라서 2배수 선발도 가능하다. 규모가 작은 교육청에서는 1차 시험에서 2배수 이상 선발이 가능하나, 경기도교육청과 같이 초·중등 신규 교원을 4~5천 명 선발하는 곳에서는 1차 시험에서 2배수 이상을 선발하는 것이 현실적으로 어려울 수 있다. 선발 인원이 많지 않은 시·도 교육청에서는 2배수 선발을 추진할 필요가 있다. 물론 초등은 지원자 수가 많지 않기 때문에 한계가 있지만 중등은 충분히 가능하다. 인력풀을 넓혀 놓고 적임자를 고르는 방식이 바람직하다. 이 경우에는 시·도 교육청에서 2차에서 변별력을 높이겠다는 의지가 있을 때 가능해진다.

교육공무원법

제6조(시험의 단계)

① 시험은 제1차 시험 및 제2차 시험으로 구분하여 실시하되, 제1차 시험에 합격하지 아니하면 제2차 시험에 응시할 수 없다. 〈개정 2012.8.2.〉

제7조(시험의 방법)

① 제1차 시험은 기입형·서술형 및 논술형 필기시험으로, 제2차 시험은 교직적성 심층면접과 수업 능력(실기·실험을 포함한다) 평가로 한다.

제8조(시험 과목 및 배점 비율)

④ 시험 실시 기관은 다음 각 호의 어느 하나에 해당하는 사람에게는 제1차 시험 성적 만점의 10퍼센트의 범위에서 가산점을 줄 수 있다.

제9조(시험의 실시 및 공고)

② 시험 실시 기관은 시험을 실시할 때에는 그 일시, 장소, 방법, 과목, 배점 비율, 응시 자격, 원서 제출 절차, 그 밖에 시험의 실시에 필요한 사항을 시험 20일 전까지 공고하여야 한다. 공고 내용을 변경할 경우에는 시험 7일 전까지 변경 내용을 다시 공고하여야 한다.

제17조(합격자의 결정)

① 제1차 시험의 합격자는 다음 각 호의 요건을 모두 갖춘 사람 중에서 제2호의 시험 성적(제8조 제3항 및 제4항에 따라 가산한 점수를 포함한다)이 높은 사람부터 차례로 결정하되, 선발 예정 인원의 1.5배수 이상으로 한다.

③ 최종 합격자는 제1차 시험(제8조 제3항 및 제4항에 따라 가산한 점수는 제외한다) 및 제2차 시험의 성적을 각각 100점 만점으로 환산하여 합산한 시험 성적이 높은 사람부터 차례로 결정한다. 〈개정 2012.8.2., 2012.12.28.〉

임용시험의 방법과 내용에 대해서는 「교육공무원임용령」 제11조에 공개 전형에 의한 방법으로 필기와 실기시험 및 면접의 방법을 실시할 것을 규정하고 있으며, 대학 재학 기간의 성적이 평가 요소로 들어갈 수 있음을 규정하고 있다.

교육공무원임용령

제9조(교사의 신규 채용)

① 교사의 신규 채용은 공개전형에 의하여 선발된 자로 한다.

② 제1항의 규정에 의한 공개전형은 당해 교사의 임용권자가 이를 실시하되, 국립학교의 장은 그 전형을 당해 학교가 소재하는 교육감에게 위탁하여 실시할 수 있다. 이 경우 공개전형 실시권자는 장애인(「장애인고용촉진 및 직업재활법」제2조 제1호에 따른 장애인을 말한다. 이하 같다)의 공무원 임용을 촉진하기 위하여 필요하다고 인정할 때에는 선발 예정 인원의 일부분은 장애인만이 응시할 수 있도록 분리하여 실시할 수 있다. 〈개정 2005.4.15., 2020.5.4.〉

제11조(공개전형의 방법 등)

① 법 제11조 제1항의 규정에 의한 공개전형은 필기시험·실기시험 및 면접시험 등의 방법에 의한다.

② 제1항의 규정에 의한 필기시험 성적에는 우수한 교사 임용후보자의 선정을 위하여 재학 기간 중의 성적 등 필요하다고 인정하는 평가 요소를 점수로 환산하여 가산할 수 있다.

③ 제1항의 규정에 의한 공개전형의 실시에 관하여 필요한 사항은 교육부령으로 정한다. 〈개정 1991.2.1., 2001.1.29., 2008.2.29., 2013.3.23.〉 [전문개정 1990.12.31.]

「교육공무원 임용후보자 선정경쟁시험규칙」은 시험 방법을 상세히 규정하고 있다. 1차와 2차 시험의 구분 실시 및 점수 합산 방식, 가산점의 범위, 배점 비율을 세부적으로 제시하고 있다. 1차 시험에서 1.5배수 이내 합격자를 중심으로 2차 시험 응시 자격을 주며, 2차 시험 성적에 1차 시험 성적을 합산하는 방식이기 때문에, 사실상 1차 시험인 필기시험의 비중이 합격에 많은 영향을 미칠 수 있음을 알 수 있다.

교육공무원 임용후보자 선정경쟁시험규칙

제6조(시험의 단계)

① 시험은 제1차 시험 및 제2차 시험으로 구분하여 실시하되, 제1차 시험에 합격하지 아니하면 제2차 시험에 응시할 수 없다. 〈개정 2012.8.2.〉

제7조(시험의 방법)

① 제1차 시험은 기입형·서술형 및 논술형 필기시험으로, 제2차 시험은 교직적성 심층면접과 수업 능력(실기·실험을 포함한다) 평가로 한다. 다만, 응시자가 선발 예정 인원에 미달되거나 시험 실시 기관이 필요하다고 인정할 때에는 시험의 일부를 면제할 수 있다. 〈개정 2012.8.2.〉

제9조(시험의 실시 및 공고)

② 시험 실시 기관은 시험을 실시할 때에는 그 일시, 장소, 방법, 과목, 배점 비율, 응시 자격, 원서 제출 절차, 그 밖에 시험의 실시에 필요한 사항을 시험 20일 전까지 공고하여야 한다. 공고 내용을 변경할 경우에는 시험 7일 전까지 변경 내용을 다시 공고하여야 한다.

제17조(합격자의 결정)

① 제1차 시험의 합격자는 다음 각 호의 요건을 모두 갖춘 사람 중에서 제2호의 시험 성적(제8조 제3항 및 제4항에 따라 가산한 점수를 포함한다)이 높은 사람부터 차례로 결정하되, 선발 예정 인원의 1.5배수 이상으로 한다. 〈개정 2012.8.2., 2012.12.28.〉

③ 최종 합격자는 제1차 시험(제8조 제3항 및 제4항에 따라 가산한 점수는 제외한다) 및 제2차 시험의 성적을 각각 100점 만점으로 환산하여 합산한 시험 성적이 높은 사람부터 차례로 결정한다. 〈개정 2012.8.2., 2012.12.28.〉

교육부가 위에서 제시한 규정을 2019년 시·도 교육청에게 권한을 주는 방향으로 개정한다고 밝힌 바 있다. 이에 따라 2020년 하반기부터 전국시도교육감협의회를 중심으로 임용고사 제도 개선 TF팀이 구성되어 구체적인 제도 개선 방안이 논의되고 있다.

시·도 교육청의 임용시험은
어떻게 이루어지고 있을까

‥‥

다음 [표 5-1]과 [표5-2]는 2020학년도 17개 시·도 교육청별 초등과 중등의 2차 임용시험 운영 현황을 비교한 것이다.

두 표에서 확인할 수 있듯이, 임용시험 2차 운영 방식은 2016년 이후 시·도 교육청별로 차이가 있다. 모든 시·도 교육청에서 한국교육과정 평가원에서 제시한 1차 시험인 필기시험 문항을 그대로 사용하고 있으나, 2차 시험 문항은 8개 시·도 교육청(혼용 포함)에서 자체적으로 출제하고 있다. 2차에서는 특히 경기·서울·세종은 출제 경향이 대폭 변화하였다. 1차 시험을 각 시·도 교육청이 한국교육과정평가원에 의존하는 구조는 출제 경험이 적고, 예산 및 인력 문제(교사 파견)가 있어 시·도 교육청 차원에서는 어쩔 수 없는 선택이라 할 수 있다. 다만, 2018년 전국시도교육감협의회에서는 초등 임용시험 1차 시험 출제를 시·도 교육청이 가져오는 방안을 검토하기도 하였으나,[2] 일부 시·도 교육청은 난색을 표하거나 가져올 이유가 없다고 판단하여 유보하였다.

---

2 전국시도교육감협의회 보도자료(2016.10)

표 5-1 | 2020학년도 2차 임용시험 운영 현황(초등)

지역	교직적성 심층면접	교수학습 과정안 작성	수업 실연	영어(초등 교사만)		비고
				수업 실연	면접	
서울	자체출제(40) 개별면접(구상1+즉답2+추가질의1)	자체(10)	자체(40)	자체(5)	자체(5)	
부산	평가원(40) 개별면접(구상1+즉답2)	평가원(10)	평가원(30)	평가원(10)	평가원(10)	
대구	자체출제(45) 인문정신(구상1+즉답2)(25) 개별면접(구상1+즉답2)(20)	폐지	자체(45)	자체(5)	자체(5)	
인천	자체출제(40) 개별면접(구상1+즉답3)	자체(10)	자체(30)	자체(10)	자체(10)	면접 20분
광주	평가원(30) 개별면접(구상1+즉답2)	폐지	자체(60) 수업 실연(30) *수업 면접(30)	평가원(5)	평가원(5)	*수업 면접 :18학년도 신설
대전	평가원(40) 개별면접(구상1+즉답2)	평가원(10)	평가원(30)	평가원(10)	평가원(10)	
울산	평가원(40) 개별면접(구상1+즉답2)	평가원(10)	평가원(30)	평가원(10)	평가원(10)	
경기	자체출제(40) 개별면접(구상2+즉답2)(20) 집단토론(구상1)(20)	폐지	자체(50) (수업나눔)	자체(5)	자체(5)	
강원	자체출제(50) 개별면접(구상1+즉답3)	폐지	평가원(30)	평가원(10)	평가원(10)	
충북	평가원(40) 개별면접(구상1+즉답2)	폐지	평가원(40)	평가원(10)	평가원(10)	
세종	자체출제(40) 개별면접(구상1+즉답3)	폐지	자체(40)	자체(10)	자체(10)	
충남	평가원(50) 개별면접(구상1+즉답2)	폐지	평가원(40)	평가원(10)	평가원(10)	
전북	평가원(40) 개별면접(구상1+즉답3)	폐지	평가원(50)	평가원(5)	평가원(5)	
전남	평가원(45) 개별면접(구상1+즉답2)	폐지	평가원(50)	평가원(10)	평가원(10)	
경북	평가원(30) 개별면접(구상1+즉답2)	평가원(10)	평가원(35)	평가원(10)	평가원(10)	
경남	평가원(30) 개별면접(구상1+즉답2)	평가원(10)	평가원(40)	평가원(10)	평가원(10)	
제주	평가원(30) 개별면접(구상1+즉답2)	평가원(10)	평가원(25)	평가원(10)	평가원(10)	실기시험(자체) 음미체(15)

* 2차 시험 자체 평가 시·도교육청: 서울, 대구, 인천, 경기, 강원, 세종

표 5-2 | 2020학년도 2차 임용시험 운영 현황(중등)

구분	2차 시험 배점(100점)										비고 (실기·실험평가 실시 교과)
	교직적성 심층면접			수업능력평가 (전체 평가원 출제)							
				교수학습지도안			수업 실연			실기 실험 평가	
	일반 교과	실기· 실험 교과	비교수 교과	일반 교과	실기 실험 교과	비교 수 교과	일반 교과	실기 실험 교과	비교 수 교과		
서울	자체출제(40) 즉답1, 구상2 추가질문 2	자체출제(40) 즉답1, 구상2 추가질문 2	자체출제(100) 즉답1, 구상2 추가질문 2	15	10	0	45	20	0	30	음악, 미술, 체육, 전문계 교과(전기, 전자, 기계, 건설, 상업, 조리, 미용), 과학 교과(물, 화, 지구, 생)
부산	평가원(40) 즉답1, 구상3	평가원(40) 즉답1, 구상3	평가원(100) 즉답1, 구상3	15	10	0	45	20	0	30	음악, 미술, 체육, 전문계 교과(전기, 전자, 기계)
대구	평가원(20) 자체출제(30) 구상2	평가원(20) 자체출제(30) 구상2	평가원(40) 자체출제(60) 구상2	폐지			50	20	0	30	음악, 미술, 체육, 전문계 교과(기계, 전기, 식·조, 상업), 과학 교과(물, 화, 지구, 생), 정·컴
인천	자체출제(50) 즉답2,구상2	자체출제(50) 즉답2, 구상2	자체출제(100) 즉답2, 구상2	폐지			50	20	0	30	음악, 체육, 미술, 전문계 교과(기계, 전자, 전기, 화공, 통신)
광주	평가원(40) 즉답1, 구상3	평가원(40) 즉답1, 구상3	평가원(100) 즉답1, 구상3	폐지			60	30		30	음악, 미술, 체육
대전	평가원(40) 즉답1, 구상3	평가원(40) 즉답1, 구상3	평가원(100) 즉답1, 구상3	15	10	0	45	20	0	30	음악, 미술, 체육, 과학 교과(물, 화, 지구, 생)
울산	평가원(40) 즉답1, 구상3	평가원(40) 즉답1, 구상3	평가원(100) 즉답1, 구상3	15	10	0	45	20	0	30	음악, 미술, 체육, 기계, 전기
세종	자체출제(50) 즉답2, 구상3	자체출제(50) 즉답2, 구상3	자체출제(100) 즉답2, 구상3	폐지			수업 실연 (30)	수업 실연 (10)	–	40	음악, 미술, 체육, 과학 교과(물, 화, 지구, 생)
경기	자체출제(40) 개별면접(20) 집단토의(20)	자체출제(40) 개별면접(20) 집단토의(20)	자체출제(100) 개별면접(50) 집단토의(50)	폐지			45	20		30	음악, 미술, 체육
강원	자체출제(55) 즉답3, 구상1	자체출제(50) 즉답3, 구상1	자체출제(100) 즉답3, 구상1	폐지			45	20	0		음악, 미술, 체육

구분	2차시험배점(100점)										비고 (실기·실험평가 실시 교과)
	교직적성 심층면접			수업능력평가 (전체 평가원 출제)						실기 실험 평가	
				교수학습지도안			수업실연				
	일반 교과	실기· 실험 교과	비교수 교과	일반 교과	실기 실험 교과	비교 수 교과	일반 교과	실기 실험 교과	비교 수 교과		
전북	평가원(40) 즉답1, 구상3	평가원(40) 즉답1, 구상3	평가원(100) 즉답1, 구상3	폐지			60	20	0	40	음악, 미술, 체육
전남	평가원(50) 즉답1, 구상3	평가원(50) 즉답1, 구상3	평가원(100) 즉답1, 구상3	폐지			10	10	0	40	음악, 미술, 체육, 전기, 전자
경북	평가원(40) 즉답1, 구상3	평가원(40) 즉답1, 구상3	평가원(100) 즉답1, 구상3	15	10	0	45	20	0	30	음악, 미술, 체육, 과학 교과물, 화, 지구, 생)
경남	평가원(40) 즉답1, 구상3	평가원(40) 즉답1, 구상3	평가원(100) 즉답1, 구상3	15	10	0	45	20	0	30	음악, 미술, 체육, 기계, 정·컴
제주	평가원(40) 즉답1, 구상3	평가원(40) 즉답1, 구상3	평가원(100) 즉답1, 구상3	15	10	0	45	20	0	30	음악, 미술, 체육

2015년까지는 시·도 교육청마다 매우 흡사한 형태로 유지되어 왔다. 2016~2017년을 거치면서 점수나, 형식, 시간에 있어서 2차 시험 방식이 빠르게 변화하고 있으며, 지역별 특징이 잘 드러나고 있다. 2차 시험 이외의 방식에서는 공통적으로 과목별 40% 이하 득점자는 과락이 있으며, 1차 시험 합격자를 1.5배수(일부 시·도는 2배수)로 선정하는 것 등 운영 방식에 큰 차이가 없다. 다만, 제주도는 실기시험 능력평가를 시행하는 점, 충남·전남교육청은 지역단위 트랙으로 의무복무 8년을 규정한 점, 대구교육청은 자체 문항을 개발하여 심층면접 시간을 확대 운영하는 점, 서울특별시교육청은 대학교 성적 석차 반영 비율을 줄이고, 전북교육청은 타 시·도에 비해 차등 폭을 대폭 확대시킨 점, 울산교육청은 영남권 교대 졸업자에게 지역가산점을 1점만 부여한 점 등이 두드러

진 차이라고 할 수 있다.

이처럼 각 교육청 차원에서 재량권을 발휘하여 초등 임용시험 방식 중 2차 시험을 조금씩 변경하고는 있으나, 1·2차 시험을 모두 개선한다는 방식은 도입되지 않아 시·도 교육청의 특색이 드러나는 변화는 미미한 수준이다. 그 이유는 1차 시험인 필기시험은 한국교육과정평가원에 위탁 운영하기에 2차 시험인 면접시험에 비해 비교적 공정하다는 인식이 있어 소송이나 민원의 소지가 상대적으로 적다는 인식이 강해서이다. 또한, 각종 법령과 규칙에 초등 임용시험에 관한 조항을 상세하게 규정하였기 때문에 시·도 교육청의 재량 범위가 비교적 협소하다는 이유도 찾을 수 있을 것이다.

현행 임용시험의 문제점과 개선 방향[3]

····

교사는 노량진이 만들어 준다?

현재 임용시험 수험생들의 지나친 사교육 의존과 교·사대 교육과정 이외에 이루어지는 별도의 공부인 스터디 의존이 주요 문제점으로 지적받아 왔다.

---

3 김성천, 홍섭근, 정영현(2017)의 「초등 교사 임용후보자 선정경쟁시험의 문제점과 개선 방향 탐색(교육문화연구)」보고서 중 일부 발췌하였다.

2차 시험 중 교육학 논술을 객관식에서 논술형으로 바꾼 이후에 학생들이 공부하기 더 어려워졌습니다. 초등은 교직 논술로 보게 되었는데, 사교육 의존도 때문에 바꿨다고 하지만 결국은 노량진 사교육 시장으로 가게 만들었죠. 책을 보면서 선배들로부터 배워서 공부하면 알게 되는 내용도 이제는 논술 강사를 찾아가게 만드는 상황이 되어서 지금의 시험 제도도 문제가 있습니다.

— K교대 A교수

교대-임용-현장, 이 연장선에서 총체적으로 바뀌어야 교사가 노량진에서 길러진다는 단점이 없어집니다. 임용시험 하나만 바꿔서는 안 됩니다. 현장에 와 보니 교대에서 배웠던 것들도 기억이 안 나고, '실습 때 난 뭐한 거지?' 이런 생각도 듭니다. 임용시험뿐 아니라 연계된 것들을 모두 건드려야 하는데, 과연 그게 될까 걱정입니다.

—신규 교사 A

필기시험만 잘 보면 좋은 교사가 될 수 있을까?

현재의 임용시험은 필기시험 성적 위주로 선발하여, 1차 필기시험 점수가 높으면 2차 수업 시연 및 면접시험 성적이 낮아도 합격하는 경향이 현저하다. 이에 대해 인성 역량 등 학교 현장에서 필요한 역량4을 충분히 평가할 수 없다는 지적이 있었다.

이러한 문제의 해결을 위해서는 임용시험의 범위와 비중을 축소하여 필기시험 비중을 낮추고, 대인관계, 학습자 이해, 인성 등 다양한 형태의 역량을 확인할 수 있는 방안이 필요하다. 구체적으로는 합숙면담이나 집단면담 방식으로의 변화가 필요할 것이다. 실제로 일부 영재학교의 학생 선발에서 이와 같은 방식이 도입되어 활용되고 있다. 이와 더불어 교육철학을 드러낼 수 있는 글쓰기, 교육과정 재구성 능력을 확인할 수 있는 평가 방법 도입이 필요하다. 끝으로 대학 4년 과정의 평가 비중을 확대하고, 다양한 교육 관련 경험을 질적으로 확인할 수 있는 임용 시스템의 변화 등이 요구된다.

> 수업 혁신을 추구하는 학교에서는 지도안이 필요한 게 아니라 활동지가 필요합니다. K지역에서 초등 임용시험을 주관한다면 지도안이 아니라 어떤 단원에 대한 활동지를 제작해 보라고 바꿔야겠지요. 그럼 대학에서는 전통적인 지도안을 짜는 것이 아니라 어떤 단원을 주고 교사 입장에서 활동지를 제작해 보라고 지도해야 할 것 같아요.
>
> —B교사

저는 초등 임용시험의 범위를 축소하는 게 옳다고 생각합니다. 너무 많은 것을 한꺼번에 평가하기 때문에 1년 동안 학생들이 죽어라 공부

---

4 「교원 양성 교육과정 개선 방안 연구」(한국교육개발원, 2010.12)에서는 교육과정 이해 및 재구성 능력, 교수·학습 능력, 대인관계 및 의사소통 능력, 리더십, 학교 및 자원의 연계 능력, 학습자 이해 및 상담 능력, 교육법 및 행정 수행 능력 등을 들고 있다.

해도 합격을 보장받을 수 없는 상황입니다. 자신의 인생에서 4학년 내내 집중해야 하는 거죠. PF Pass/Fail 제도가 논의됐었는데 임용시험은 PF 정도로만 하고, 나머지 영역을 평가하는 시스템을 따로 두는 거지요. 예를 들면, 교육실습을 연장해서 거기에서 나오는 결과를 반영할 수도 있고, 대학 때 했던 다양한 활동을 반영할 수도 있겠지요. 지금 교대 출신의 가장 큰 문제는 시야가 좁다는 겁니다. 학생들이 최대한 많은 경험을 하고, 거기에서 배우고 성장해야만 현장에서 생활지도, 인성지도, 학과지도에서 대처할 수 있습니다.

―J교대 B교수

현재 초등 임용시험은 인성을 측정할 수 있는 시스템이 없습니다. 인성을 갖추지 못한 예비 교사가 교직에 진출하는 경우가 있죠. 현재 시스템으로 그걸 어떻게 막을 수 있겠습니까? 교육과정과 임용 시스템 속에서 인성에 대한 측면을 점수화하거나 받아들이는 제도가 있어야 한다고 생각합니다.

―I교대 C교수

한편 교사의 미래사회 핵심역량을 평가하기 위한 포트폴리오를 도입하자는 제안도 있다. 이러한 방법을 통해 임용 후보자 각각의 삶의 경로를 확인할 수 있기 때문이다. 또한 평가 내용에 있어서 교육 현장의 이슈(교직 실무, 다문화 사회, 생태학적 관점 등)를 다루어야 한다는 지적도 있다.

현행 초등 교원 임용시험 방식은 정량적 요소가 강한 1차 시험의 비중이 높아 역량과 인성을 제대로 검증하기 어려우므로, 이에 2차 시험의 비중 확대와 정성적인 요소의 도입이 필요하다.

초등 임용시험에서 역량을 측정하는 시스템이 필요합니다. 사실 21세기 핵심역량에는 의사소통 능력, 문제해결 능력, 창의성이 가장 많이 거론되는데, 이런 능력을 측정할 수 있는 시험 제도가 추가되어야 하지 않을까 생각합니다.

—J교대 D교수

포트폴리오와 같이 정성적인 요소를 도입하는 것에 찬성합니다. 1차 시험에서 우수한 성적을 받은 학생들이 2차 시험의 성적과 상관없이 합격하는 경우가 사실 있습니다. 1.5배수로 뽑는 것은 지식을 확인하는 자격 정도로 끝내야 하지 않나 생각합니다. 교사로서 기본 자격을 갖췄다 생각하자는 거죠. 그다음은 역량이나 인성을 봐야 하는데, 포트폴리오를 통해 어떻게 살았는지를 볼 수 있을 겁니다. 인성 평가를 위해 자기 기록과 실천했던 증빙서류를 간단하게 첨부할 수 있는 방법도 가능하고, 논술도 가능하겠죠. 1차 시험에서 합격한 사람들을 대상으로 앞으로 헌신적으로 열정을 다해 교육 발전뿐 아니라 본인을 위해서도 즐겁게 교직생활을 할 수 있는가를 평가하면 좋겠습니다.

—A교장

지역 특성을 고려할 필요도 있다

지역의 특성이나 지역 교육청의 정책 방향과 연계된 초등 임용시험 도입 필요성도 제기되고 있다. 구체적으로는 시·도 교육청 지역에 특화된 임용 방식인 지역형 트랙제에 대한 의견도 제기된 바 있다. 해당 지역에 애정이 있고, 지역사회 교육과정을 운영할 수 있는 교원을 뽑는 방식으로 전환되어야 한다는 것에는 대체로 동의할 수 있을 것이다.

> 지역과 학생, 학부모를 이해하고 있는 상태에서 만나 교육이 이루어지는 것과 그렇지 않은 것의 차이는 크다고 봅니다. 임용할 때도 A지역은 A지역 인재를 뽑고, B지역은 B지역 인재를 뽑아서 그 지역의 인재가 교사로 선발되어 그 지역에서 뿌리내리고 살 수 있도록 하는 지역성도 추가되었으면 좋겠습니다.
>
> —C교대 E교수

> 교사가 지역사회 공동체의 일원으로서 지역성을 갖추면 교육 효과가 확실히 높다는 내용에 동의합니다. 실제로 경기도교육청에서는 초등교사가 신규 임용되면 특정 외곽으로 발령이 납니다. 지역형 트랙제처럼 그런 지역들은 처음부터 그 지역 출신을 뽑으면 좋겠고요, 점수를 주든지 거기에 근무할 수 있는 연한을 길게 잡아서 뿌리내리게 하면 효과가 있을 거라고 봅니다.
>
> —B교장

보다 중장기적 관점으로 바라보자

. . . .

현재는 각 시·도 교육청의 권한이 임용시험의 2차에만 부여되어 있으나, 법령을 개정해서라도 임용시험의 전반적인 변화가 필요하다는 여론이 커지고 있다. 2000년대 초반에 논의되었던 수습교사제(인턴교사제)를 도입하여 일회성 시험에 의한 선발 방식이 갖는 한계를 보완하고, 실무를 통해 자질과 능력을 검증할 수 있는 시스템도 필요하다는 목소리도 힘을 얻고 있다.

1차 시험을 PF로 적용한 후 2차 시험을 강화하는 방법이나, 절대평가제로 적용하는 방법도 있다. 허들형 방식을 도입하여 1차 시험과 2차 시험을 합산하지 않고, 1차 합격자를 대상으로 역량평가를 다각도로 진행하고, 2차 점수만으로 합격을 정하는 방법도 있을 것이다.

한편 임용시험의 전문성을 위해 '임용사정관제'를 도입하자는 의견도 있다. 이는 집단토론, 2박 3일간의 심층면접 등을 통해 우수한 자질을 갖춘 신규 교사를 선발할 수 있다는 기대 때문이다. 다른 한편에서는 현직 교사의 재응시가 예비 교사에게 미칠 영향에 대한 우려를 표명하며 정책적인 대응이 필요하다는 의견도 있다.

임용사정관제를 실시하는 이유는 우수 학생을 사전에 대학에서 선발하기 위함이겠죠. 그림을 그려 본다면 4학년 학생을 대상으로 사전에 공고해서 선발하겠죠? 시험을 안 보고 다른 시스템을 이용해 여러 측면에서 평가하는 겁니다. 집단토론이나 2박 3일 심층면접에, 4년간의 학점도 들어가고, 다양한 평가도구를 활용해서 선발하는 시스템이 되겠죠. 어떤 측면에서는 문제점이 드러나겠지만, 우수한 학생을 선발하는 제도로서는 좋다고 생각합니다. 대신 시스템을 정말 잘 마련해야겠죠. 우수한 자질을 갖추고 있는 교사를 먼저 선발한다는 측면에서 다면적 평가 제도가 마련되어야 하는 게 시스템을 도입하는 첫 번째 기준이 될 것 같아요. 근본적으로 좋을 것 같습니다.

—C교장

과거에는 현직 교사는 면직 처리 후 3년이 지나야 초등 임용시험을 볼 수 있었습니다. 헌법소원 후 현재는 현직 교사들이 학교에 알리지도 않고 시험을 보고 있어요. 우리 교육청만 하더라도 서울로 재응시하는 현역들이 매년 100~200명 이상 됩니다. 이러한 것을 막기 위해서 현직 교사 트랙을 별도로 만들어야 한다고 생각합니다.

—D교장

현행 교원 임용시험이 교원에게 필요한 전문적 역량에 대한 진단을 토대로, 그러한 역량을 평가할 수 있는 내용과 방식으로 진화해야 함을 시사해 준다. 교원 임용시험은 학교 현장에 필요한 교원의 역량을 타당하고 적합하게 평가할 수 있어야 하며, 교·사대 교육과정과 긴밀히 연계하여 수험생이 사교육 기관이나 스터디에 의존할 필요가 없도록 개선되어야 한다. 이를 위해 교·사대와 교육청 간 협력적인 거버넌스 구조의 확립이 필수적이라 할 수 있다.

지속적인 제도 개선 요구에 따라 2016년 8월 교육부는 '교원 양성 과정 개선 계획'을 발표하여 2018년부터 임용시험에 대한 단계적 개선 방안을 발표했다. 또한 2016년 10월에는 시·도 교육청의 2차 심층면접의 최저점을 현행 80에서 60으로 낮추어 변별력을 강화하는 지침을 마련하기도 했다. 또 교육부는 2017년 1월부터 교원 인사제도(임용시험) 개선을 위한 시범교육청 사업을 진행 중에 있다.

이러한 노력과 더불어, 신규 교사 임용 시 역량과 인성 등을 평가하기 위한 정성적 평가에 대한 더욱 정교한 탐구가 필요하다. 교육부가 발표한 계획처럼 중·장기적인 방안의 교원 양성 및 임용체제 연계를 고민할 필요가 있다. 교육청과 교·사대가 협약을 맺고 지역 특성을 반영한 교과목을 개설할 수도 있다. 특히 예비 교원이 지역사회에서 학생과 청소년을 위한 다양한 교육실천 경험을 쌓을 수 있도록 독려하고, 이를 면접에서 중요한 요소로 활용한다면 교사가 되기 위해서는 노량진이 아닌 아이들이 있는 곳으로 나아가야 한다는 메시지를 줄 수 있다.

현직 교사의 임용시험 재응시 문제는 초등 임용시험을 준비하는 수험생에게도 큰 부담이 될 수 있고, 현 제도상의 한계로 볼 수 있다. 2차 비중이 강화되면 현직 교사가 유리해질 수밖에 없다. 현직 교사들은 별도의 임용 트랙제도를 만들어서 그들끼리 경쟁하는 구조도 검토해 볼 만하다.

6장

◇◇◇

교육자치 시대의 교육전문직원과 교육행정직 공무원[1]

---

1 본 장은 홍섭근(2018)의 단국대학교 박사학위논문을 참고하여 수정 및 재구성하였다.

교육자치와 교육전문직원의 관계

....

2006년 「지방교육자치에 관한 법률」이 개정되면서 제43조에 "교육감은 주민의 보통·평등·비밀선거에 따라 선출한다."고 명시하고 있다. 이 것을 근거로 시작된 교육감 직선제는 과거 간선제와 달리 주민이 직접 교육감을 선출한다. 현행 교육감은 4년을 임기로 최대 3회까지 가능하 다. 이에 따른 교육자치의 강화로 시·도 교육청의 역할과 행보는 더욱 주목받고 있다.

교육자치는 특별시와 광역시·도의 광역 자치단체가 교육에 대한 자 치적인 결정 권한을 갖고 있는 방식이다. 교육위원회에서는 각 시·도의 교육행정을 독자적으로 판단할 수 있으며, 교육에 관한 주요 사항을 심 의·의결하는 기능도 갖는다. 교육에 대한 조례, 예산과 결산 등은 지방 의회 의결을 거쳐 시행되기도 한다.

과거 교육청은 교육부의 하위 기관으로 기능하면서 별도의 정책을 기획할 수 있는 공간이 넓지 않았지만, 주민직선 교육감제의 도입 이후에는 공약이 많아졌고, 자연스럽게 자치 사무에 대한 기획을 많이 하게 되었다. 국가로부터 위임받은 사무라도 해도 지역의 특색에 맞게 정책을 재구성하기도 한다. 동일한 권한을 지닌 17개 시·도교육감이 정책을 추진하지만, 현장의 평가도 다르고 정책의 색깔도 다양하다. 교육청의 역할이 강화된 만큼 교육청에서 일하는 사람들에 대한 인사가 무엇보다 중요해졌다. 아무리 뛰어난 교육감이 당선되어도 교육청에서 일하는 교육전문직원이나 일반행정직원의 역량이 그대로라면 공약과 정책은 공회전할 가능성이 크기 때문이다.

시·도 교육청에서 교육정책의 한 축을 맡고, 교육과정을 주도하는 이들은 교육전문직원이다. 교육전문직원은 전국 시·도 교육청에 4천 명이상 재직 중인데,[2] 이들을 장학사·장학관·연구사·연구관으로 칭한다. 교육청은 다른 행정기관과는 다른 직위상 특수성을 지닌다. 행정기관 직원은 주로 행정·조직·인사를 전공한 이들인데, 교육전문직원은 현장 교원이 별도의 시험이나 과정을 통해 전직前職[3]하여 구성된다. 장

---

2 2010년 기준 4,168명이다(교육부, 2010). 2011년 교육감 권한인 지방직으로 전환되어 약간 증가했으나, 국가적인 교감·교장으로의 선식과 맞물려 획기적으로 증원되기 어려운 상태이다. 특히 총액인건비제로 인해 교육행정직원과의 관계 속에서 교육전문직원의 증원은 쉽지 않으나 경기도교육청은 이재정 교육감 임기 내에 20% 가까이 증원하였고, 다른 시·도 교육청도 증원을 검토하거나 계획 중에 있다.

3 교육공무원의 종류와 자격을 달리하는 임용을 말한다(『교육공무원법』 제2조 제8항).

학사(교육연구사)는 필기시험과 면접시험을 거치며, 장학관(교육연구관)은 서류전형과 면접시험을 거친다.[4] 시험에 관한 모든 것은 시·도 교육청이 자체 필요성에 의해 결정[5]하며, 최근 들어 17개 시·도 교육청의 교육전문직원 시험은 창의적이고 지역 특색에 맞게 변경되는 추세이다.

교육전문직원은 실제로 다양한 일을 하고 있다. 주로 장학, 행정, 예산, 기획 등 교육정책 전반을 아우르는 총체적인 역할을 하고 있다. 이와 관련된 명확한 규정이나 관련 법규는 거의 없다. 교육자치 시대에 교육전문직원의 직무와 역량의 중요성이 증가했음에도 불구하고 관련 연구 또한 많지 않다. 가령 직무에 대한 명확한 분석을 시·도마다 내놓지도 않았으며, 역량에 대한 총체적인 정의도 없다. 때문에 불가피하게 교육청 내 일반행정직원과 여러 면에서 비교되거나, 업무상 갈등을 빚는 사례도 존재한다. 일반행정직원은 회계, 감사, 행정, 조직, 법제 등 고유 영역이 비교적 명확하게 제시된 반면, 교육전문직원은 교육과정과 장학이라는 포괄적 속성의 업무를 맡고 있다.

정책 연구에서는 교육전문직원 선발제도의 문제점과 개선 방안을 다룬 연구가 일부 있지만, 주로 선발이라는 기능에만 초점을 맞추고 있다. 정작 교육전문직원이 어떤 역량을 가져야 하는지 밝히고 있지는 못하

---

4 교육자치 이전(2010년 이전)에는 면접 없이 발령을 내기도 했으나, 현재는 공정성을 문제로 대부분 공채 과정을 거치고 있다.

5 교육전문직원은 지방직 공무원이므로 국가직인 교원과 달리 시·도교육감에게 상당 부분 권한이 위임되어 있다.

다. 가령, 교육전문직원이 학교 장학의 기능을 담당하는 역량에 초점을 맞추려 한다면, 선발제도는 교육과정과 수업에 초점을 맞추어야 한다. 행정 역량이 초점이라면 기획의 기능에 한정하여 초점을 맞춰 선발해야 한다. 하지만 현재 교육전문직원의 선발제도는 직무와 역량에 대한 고민이 부족하고, 체계성도 떨어진다. 교육자치 강화로 교육전문직원의 역할이 증대되고 있는 상황임에도 직무역량에 대한 논의는 학술적으로 연구된 적이 거의 없는 실정이다.

시기적으로 직선제 교육감 시대의 도래와 교육자치의 활성화를 맞이하여 교육전문직원의 직무가 무엇인지 새롭게 정립할 필요가 있다. 특히 혁신교육의 출발과 더불어 교육혁신의 흐름에 따라 교육정책을 생산·실행하는 역량은 매우 중요하다. 교육자치와 지방자치 시대에 가장 중심적인 역할을 할 교육전문직원의 직무와 역량에 대한 논의가 필요한 시점이다.

교육전문직원 제도의 운영
····

교육전문직원이라는 명칭의 사용과 교육연구관 및 교육연구사 제도의 도입은 1963년 12월 5일 「교육공무원법」 개정을 통해 이루어졌다. 당시 「교육공무원법」에서는 교육전문직원이라는 명칭만 제시하였고, 「교육공무원임용령」 제9조에서 교육전문직원의 자격을 규정하고 있다.

교육전문직원은 교원과 동일하게 특정직으로 국가직 공무원 신분을 유지하다, 2011년부터 지방직 공무원으로 변경되었다. 직선제 시·도교육감이 등장하면서 시·도 자체적으로 증원과 선발 방식의 다변화를 이룰 수 있도록 한 것이다. 하지만 총액인건비제에 의해 일반행정직 6급[6]에 준하는 장학사·교육연구사나, 5급-3급에 준하는 장학관·교육연구관의 증원은 시·도교육감의 의지가 있지 않다면 쉽지 않은 상황이다.[7] 일부 시·도 교육청에서는 일반행정직원과 교육전문직원 두 축을 모두 증원하면서 교육전문직원을 늘리는 방법을 쓰기도 했지만, 현장의 시선은 곱지 않다. 사람이 늘어나면 일을 만들어 내는 교육청의 속성상 조직 비대화가 학교를 더욱 힘들게 할 것이라는 우려가 크기 때문이다. 교육전문직원의 증원에 대해서는 일반행정직원도 좋아하지 않고, 실제 조직 관리를 일반행정직원이 맡고 있는 만큼 내부적으로 추진 자체가 쉽지 않은 상황이다.

교육전문직원의 개념과 범위는 「교육공무원법」 제2조에 명시되어 있다. 동법 9장에는 "교육감 소속 교육전문직"을 명시하고 있어 교육감

---

6 교육청 내 관행적으로 유지되고 있고, 별도의 법적인 근거는 없다. 교원 중 24호봉 이상은 공무원계급의 상당계급표에 의하면 4급 상당에 해당한다(교육전문직원도 교원과 동일한 호봉제에 의함). 하지만 현실적으로 교육부, 교육청 내에서 장학사는 6급, 장학관은 교장-교감의 역할과 직무에 따른 급수에 준해 1-5급으로 나눠서 운영하고 있다.

7 이는 일반행정직 공무원의 문제라기보다 태생적 한계가 있는 두 조직 체계를 통합하여 운영하는 문제에서 기인한다.

과 중앙정부에 속해 있는 교육전문직원을 구분하였다.[8] 쉽게 정의하면 교육전문직원은 교육부와 시·도교육감에 속해 있는 장학관·교육연구관·장학사·교육연구사를 말한다. 교육부에서는 교육연구사와 교육연구관으로만 불리는 반면, 시·도 교육청에서는 직속기관인 연구원에 근무하면 교육연구사·교육연구관으로 부르고, 지역 교육지원청이나 본청에 근무하면 장학사·장학관이라 부르고 있다.

별도의 전형(또는 전문전형)으로 교육연구사를 뽑는 지역이나 시기도 있으나, 대체로 교육연구사·장학사를 통합해서 하나의 전형으로 선발하고 있는 것도 특징 중 하나이다. 장학사(교육연구사)는 일반적으로 교원에서 선발하고 있으나, 17개 시·도 교육청 중 일부는 교감 장학사(교육연구사)를 별도로 선발하고 있다.[9]

교육전문직원은 상위 자격증을 취득할 수 있는 기회가 주어지는데, 교사 출신 장학사는 의무근속연수 5년 과정[10] 중 교감자격증을 받아 교감이 될 수 있으며, 교감 출신 장학사는 근속연수 3년 이상을 채운 뒤 교장자격증을 받으면 교장으로 전직할 수 있다. 2014년까지 교사가 장학관이 될 수 있는 길이 있었으나, 2014년 「교육공무원임용령」이 개정되

8 교육전문직원이란 "교육행정기관에 근무하는 장학관 및 장학사와 교육기관, 교육행정기관 또는 교육연구기관에 근무하는 교육연구관 및 교육연구사"를 말한다.
9 시·도교육청 장학사·장학관에서 '상학'이라는 명칭에 대해 부정적으로 받아들이는 이들도 있어 교육연구사·교육연구관으로 통일하자는 목소리도 있다. 또한 학교 현장에서는 교육전문직원만 전문직이라고 불리는 것에 대한 거부감도 있다.
10 교육부의 교육전문직원 의무근속(전직)규정

면서 현재는 박사학위를 소지한 교사만이 장학관이 될 수 있다.[11] 이러한 규정은 추후 변화될 가능성이 있다.[12]

　교육전문직원의 약 50%는 178개의 지역단위 교육지원청에 근무하고 있으며, 시·도 교육청에 근무하는 교육전문직원은 30%이다. 그 외 교육부나 시·도 교육청 산하기관에 근무하는 교육전문직원은 대략 20%를 차지하고 있다.

표 6-1 │ 교육전문직원의 자격 기준

기준 직명	자격 기준
장학관, 교육연구관	1. 대학·사범대학·교육대학 졸업자로서 7년 이상의 교육 경력이나 2년 이상의 교육 경력을 포함한 7년 이상의 교육행정 경력 또는 교육연구 경력이 있는 사람 2. 2년제 교육대학 또는 전문대학 졸업자로서 9년 이상의 교육 경력이나 2년 이상의 교육 경력을 포함한 9년 이상의 교육행정 경력 또는 교육연구 경력이 있는 사람 3. 행정고등고시 합격자로서 4년 이상의 교육 경력이나 교육행정 경력 또는 교육연구 경력이 있는 사람 4. 2년 이상의 장학사·교육연구사의 경력이 있는 사람 5. 11년 이상의 교육 경력이나 2년 이상의 교육 경력을 포함한 11년 이상의 교육연구 경력이 있는 사람 6. 박사학위를 소지한 사람
장학사, 교육연구사	1. 대학·사범대학·교육대학 졸업자로서 5년 이상의 교육 경력이나 2년 이상의 교육 경력을 포함한 5년 이상의 교육행정 경력 또는 교육연구 경력이 있는 사람 2. 9년 이상의 교육 경력이나 2년 이상의 교육 경력을 포함한 9년 이상의 교육행정 경력 또는 교육연구 경력이 있는 사람

출처: 「교육공무원임용령」 제9조

---

11 「교육공무원임용령」 제9조 제2항(별표1)

12 2019년 교육부는 공개채용 절차를 거치면 교사도 장학관 응시가 가능하도록 유권해석을 내렸다.

교육전문직원 제도의 운영 실태 및 문제점

....

교육자치 이후 시·도 교육청에서는 수많은 혁신교육정책을 발표하였다. 무상급식, 학생인권조례, 혁신학교, 혁신교육지구, 마을교육공동체 등 교육자치에서 탄생한 수많은 정책이 시·도 교육청에서 시작하여 교육부, 국가교육회의까지 확장되고 있다. 이런 성공의 밑바탕에 장학사, 장학관, 교육장을 포함한 교육전문직원의 숨은 노력이 있었다는 것은 부인할 수 없다. 시·도 교육청의 일반행정직원도 많은 역할을 하고 있으나, 교육과정에 대한 이해가 깊은 교사 출신 교육전문직원은 인사, 예산, 정책, 감사, 행정 등 다양한 분야에서 많은 활동을 하고 있다. 특히 교육자치가 강화된 2009년 이후 시·도 교육청이 자체적으로 정책을 생산해 내고 있어서 교육전문직원의 역량이 더욱 부각되고 있다.

2011년부터 교육전문직원의 신분이 국가직에서 지방직 공무원으로 전환됨에 따라 시·도교육감의 재량이 더욱 커졌다. 그러나 아쉽게도 지금까지 교육전문직원 제도는 그 중요성에 맞는 정책적 관심을 받지 못한 것이 사실이다. 교육전문직원 선발에 관해서는 대다수 시·도 교육청이 매년 여러 가지 상황을 감안하여 조금씩 개선해 나가고 있지만 그 역시 체계적으로 바꾸려는 움직임은 미진하고, 기능적이거나 정무적인 판단으로 접근하려는 한계가 있다.

보통 교육부는 파급력이 강한 정책을 도입할 때 자체적으로, 또는 한국교육과정평가원이나 한국교육개발원 등의 국책 연구기관을 통해 정책연구를 실시하여 사전에 검증한다. 국가직 공무원일 때 교육전문직원에 대한 연구는 일부 있었지만, 교육전문직원이 지방직 공무원이 되고 교육자치가 심화된 2011년 이후에는 교육전문직원 관련 연구는 소수에 불과하다. 시·도 교육청에서도 일부 연구가 있었지만, 대부분은 선발 방식 등 미시적인 측면에서 제한적으로 접근하고 있다.

현실이 이러한 탓에 응당 교육전문직원의 직무에 대한 평가도 체계적이지 않고, 그와 관련된 연수제도도 마련되어 있지 않다. 대부분의 교육전문직원 연수는 일회적인데, 이마저도 없거나 느슨하다.

이렇게 교육전문직원의 직무와 역량에 대한 관심도가 떨어지는 가장 큰 이유는 교육전문직원의 교육청 근무 기간이 다소 짧기 때문으로 분석된다. 일반행정직원은 교육청에 발령이 나면 10~20년 정도 해당 교육청에서 근속하기 때문에 업무 전반에 대한 이해도가 높고, 인적 네트워크가 상당한 편이다. 반면에 교육전문직원은 한 부서에서 2~3년 정도 일하다가 다른 부서로 발령이 나거나, 교감·교장으로 전직 및 승진되어 학교로 돌아간다. 이런 시스템 내에서 교육전문직원이 교육청 업무의 전반을 총체적으로 이해하기란 어려울 수밖에 없다.

교육자치가 점차 강화되는 추세에서 학교 지원 정책 기능을 회복하기 위해서는 거시적이고 연속성 있는 정책 흐름을 이해하는 교육전문직원 양성이 반드시 필요하다. 게다가 한 명의 교육전문직원을 바라보는 여러 교육 주체(학생·교원·학부모·지역사회)의 숫자가 수백 명에 달하므로, 교육전문직원 한 사람이 갖는 대표성과 상징성도 매우 크다. 이러한 상황에서 교육전문직원의 선발 및 연수제도는 교육청의 이미지 생산과 직결된다. 아무리 좋은 정책을 입안하고 집행하더라도 교육전문직원 한 명의 저조한 성과나 일탈이 교육자치에 대한 불신을 조장할 수 있기 때문이다.

지금까지는 교육전문직원의 선발에 관심을 기울였을 뿐 좋은 정책가 내지는 행정가로 성장시키는 구조를 갖지 못했다. 그나마 어느 정도 업무에 숙련도가 높아질 즈음에 교감으로 발령이 나 행정 경력이 단절되는 현상이 심화되었다. 장학관이나 교육장도 마찬가지다. 2~3년의 짧은 기간 안에 교장 또는 교육장으로 발령이 나 정책의 연속성이 떨어지는 악순환이 계속되었다. 장학사부터 장학관까지 1~2년을 기준으로 맡는 업무가 바뀌는 상황은 누군가에는 영광스러운 자리로 전직했다는 자부심을 갖게 하지만, 업무에 숙련이 될 즈음에 연쇄 이동을 하게 되면서 전문성 축적을 어렵게 만든다. 전문직원이 전문성을 갖지 못했다는 비판을 현장으로부터 받는 절대적인 이유이다.

이제는 교육전문직원의 역량 및 직무 역할에 대한 연구를 통해 학교 현장에 필요한 교육전문직원의 역량에 대해 고민할 시점이다. 2019년을 기준으로 서울시교육청과 경기도교육청은 장학사·교육연구사를 선발한 후 3개월의 연수 과정을 거친다는 방침을 세우고 있다. 바람직한 조치라고 판단된다.

교육전문직원 제도 개선 방안

. . . .

지금까지 교육전문직원은 그 역할과 기능에 비해서 주목받지 못한 것이 사실이다. 여기에는 다양한 원인이 내재되어 있다. 그중에서도 교육전문 직원이 교육자치 이전의 법·제도의 틀 안에 한정되어 있는 것이 큰 원인으로 지목된다. 2010년 이후부터는 교육전문직원에 대한 시·도교육감의 재량권이 커져 기존 학교 관리 기능에서 벗어난, 정책의 주체로서의 역할이 강조되고 있다. 특히 중앙정부 차원의 정책에만 의존하는 시대가 끝나면서 시·도 교육청의 상황에 맞는 정책 개발의 중심에 서 그 역할과 위상은 과거와는 사뭇 달라지고 있음을 알 수 있다.

일례로 경기도교육청은 교육자치·학교자치와 지방분권의 차원에서 혁신을 이끌어 갈 수 있는 교육전문직원을 육성하기 위해 교육전문직원 인사제도를 개선해 나가고 있다. 교육전문직원의 선발·임용·배치·활용 단계에서 혁신 주체로서의 교육전문직원을 선발·양성할 수 있는 정책이 만들어지고 있다. 특히 2019년 「학교폭력예방 및 대책에 관한 법률」 개정을 통해 교육지원청에 학교폭력 관련 업무를 전담하는 교육전문직원을 선발 및 배치한 것은 교육지원청 및 교육전문직원의 역할 변화에 있어서 의미 있는 사안이다.

학교 현장에서는 교육전문직원의 근속 기간이 길어야 한다는 요구가 지속적으로 있어 왔다는 것을 감안하면, 이러한 고유의 역할을 담당하여 전문성을 발휘하는 교육전문직원이 늘어나야 한다. 이를 위해서는 해당 분야의 전문성을 갖춘 이들을 선발해야 한다. 학교에서 학교폭력 업무를 맡아 보지 않은 이들이 교육전문직원으로 입직해서 학교폭력 업무를 맡는 방식은 바람직하지 않다.

앞으로 교육지원청은 학교 현장 지원 기능에 대한 요구에 직면할 가능성이 크다. 고교학점제만 해도 교육지원청이 강사 인력풀 확보를 구체적으로 지원하지 않으면 현장에서 작동하기 어렵다. 이를 위해서 교육전문직원 선발제도에 획기적인 개선이 있어야 한다. 최근 들어 전문 전형이라든지 보직형 전형, 지역형 임용 트랙 등을 적용하는 교육청이 늘고 있는데, 보다 과감한 혁신이 필요하다.

이와 같은 시점에서 시·도 교육청도 적극적인 준비와 대응이 필요하다. 특정 개인이 교육전문직원 시험을 준비하고 개인 역량을 계발하는 수준을 넘어서, 교육전문직원이 정책에 대한 폭넓은 이해를 바탕으로 업무를 추진할 수 있는 시스템 구축이 필요하다. 현재 교육청 내 교육전문직원은 선발에 많은 에너지를 쏟고 있으나 그 실효성은 미흡하다고 볼 수 있다. 일반행정직원과 비교해 봤을 때 제도 운영 전반(전문성 신장 연수)에 새로운 시스템 도입이 필요하다. 이를 위해서는 선발제도뿐 아니라 연수제도에 대한 체계적 지원이 필요하다. 어제 교사였던 사람이 몇십 시간의 연수를 받고 갑자기 현장에 투입되었을 때 주어진 업무를 얼마나 잘 감당할 수 있을까? 전임자가 처리한 공문을 보면서 전임자를 따라 하기도 버거울 가능성이 크고, 그 과정에서 새로운 정책과 사업을 온전히 구상하고 기획하기란 불가능에 가깝다.

교육전문직원(장학사·교육연구사) 인턴제도의 활용이 과거 파견교사와 유사한 형태로 활용되어 담당 부서의 업무 경감에는 도움이 되었지만, 인턴장학사를 수행했던 이들이나 학교 현장에서는 평판이 엇갈렸다. 향후 인턴장학사의 기능을 획기적으로 바꿀 수 있도록 재구조화하고, 이를 적절히 활용한다면 좋은 교사에서 좋은 행정가로 탈바꿈할 수 있는 기회로 자리매김할 수 있을 것이다.

교육전문직원이 교감·교장·교육장으로 나가는 통로 역할만 한다면, 교육청 내 잦은 인사 변동으로 인해 개혁의 역사가 단절되는 일이 빈번하게 발생할 것이다. 희망하는 이에 한해서라도 교육전문직원을 10년 이상 지속할 수 있는 전문적인 행정 트랙을 열어 주고 학교 현장을 지원할 수 있도록 해야 한다. 지속할 가능성이 있는 이들에게는 교육전문직원(장학사·교육연구사) 역할 수행 시 파견·연수제도를 도입하여 성장할 수 있는 기회를 주어야 한다. 물론 이 모든 과정이 체계적인 시스템 구축을 통해 이루어지는 것을 전제로 해야 한다.

중장기적으로는 교육전문직원이 교감·교장으로 나아가는 '지름길'이라는 인식에서 벗어나야 한다. 기존의 승진형 교장제도를 전면적으로 개편하여 공모제만으로 전환한다면, 교육전문직원으로서 교장공모제만 지원 가능한 방식도 검토할 만하다. 즉, 학교장으로 나아가기 위한 승진 경로적 관점에서 벗어나, 학교 현장을 지원하는 정책 및 행정 경로적 관점을 지닌 이들이 교육전문직원으로 들어오는 구조를 중장기적으로 검토해야 한다.

장학관(교육연구관)·교육장의 경우 인력풀 확대 및 다양한 선발 방식의 도입이 필요하다. 기존 장학관(교육연구관)·교육장의 경우 교육전문직원 중심으로 제한적인 인력풀이었다. 결국 그 역할과 기능이 그들만의 리그로 한정되어 있었다.[13] 이러한 상황은 교육자치의 역할에 대한 학생·학부모·교원의 인식에 부정적인 영향을 끼치기도 한다. 향후 장학관(교육연구관)·교육장의 역할과 기능을 강화하기 위해서 선발·활용에 대한 지속적인 고민이 있어야 한다. 공모 방식을 적용하되, 지원 자격 풀을 전문직 출신으로 국한하지 말고 평교사로 넓히되 다각도로 역량을 검증하는 시스템을 구축해야 한다. 필요하다면 심사 풀 역시 학부모, 시민사회 관계자, 교원, 학생, 전문가 등으로 넓혀서 다단계 검증하는 방식으로 전환할 필요가 있다.

교육부는 각 교육청에 비해서 교육전문직원 선발 방식의 경로의존성이 매우 강한 편이다. 행정고시에 합격한 사무관이나 서기관 밑에서 교육전문직원이 일하는 구조이다 보니 지원자의 경력도 5년 이상을 요구하고 있다. 현장에서 '혁신 스토리'를 갖춘 이들이 선발되는 구조인가에 대해서 의문을 제기할 수밖에 없다.

특정 분야의 전문성을 갖춘 이들을 선발하는 구조를 갖추어야 한다. 지필고사의 공정성에만 함몰되기보다는, 학교에서 어떤 변화를 만들기

---

13 전국 시·도 교육청 내 장학관은 대부분 교육전문직원(장학사)을 경험한 이들로 채워지고 있다.

위한 노력을 기울였고, 그 성과는 무엇이었는가를 확인하는 방식으로 전환해야 한다. 동시에 교육청 차원에서 검증받은 인사들이 교육부에 들어가서 일하는 구조를 확보해야 한다. 때로는 교육부의 일부 장학관이나 과장 직급을 평교사까지 문호를 넓혀서 개방형으로 선발하는 시스템도 구축해야 한다. 교육부가 현장으로부터 유리되어 있다는 비판을 받고 있는데, 행정고시 출신이 교육부에서 지나치게 많은 역할을 하면서 나타난 현상으로 보인다. 학교 현장을 잘 아는 이들이 교육부에서 정책을 기획·설계할 수 있는 인적 구조로 전환해야 한다.

이미 교육에 관한 많은 변화가 시작되었다. 학령인구 감소, 고교학점제 도입, 고교 체제 개편, 국가교육위원회 신설, 선거 연령 인하 등은 교육정책의 상수이다. 이러한 상황에서 교육정책의 방향과 가치에 대한 근원적 고민이 지속되어야 한다. 온전한 지방교육자치를 염원하고 추진해 온 시·도 교육청은 비로소 중앙정부와는 차별화된 모습을 선보여야 할 때가 도래했다. 이런 상황에서 각 교육청은 앞으로 해소해야 할 과제를 감당할 수 있는 인재들을 선발·육성하고 있는가에 대한 구체적 대안을 제시해야 한다.

경기도교육청의 교육전문직원 정책연구 사례

....

시·도 교육청에서 교육전문직원에 대한 일부 연구는 수행된 바 있지만, 현장 적합성이 높은 연구는 드물었다. 경기도교육청은 실무부서에 교원 인사를 담당하는 '교원 정책기획팀'을 두고 있는 유일한 교육청이다. 다른 시·도의 인사부서는 아쉽게도 교원 인사 배치, 정량적인 방식의 승진 대상자 선발, 교육전문직원 선발 및 배치 등 기능적인 일에 국한되어 기능하고 있다. 경기도교육청의 인사기획팀에서는 연구를 직영하는 체제를 운영[14]하여 인사정책에 관한 연구를 수행하고 있다. 수행된 연구 중 교육전문직원 관련한 2가지 연구를 소개하려 한다.

경기도 교육전문직원 직무역량 성장 평가 모형 개발 및 활용 방안 연구(2018)

교육전문직원은 대체로 현장 교원을 대상으로 선발해 왔기 때문에 교육행정 전문가로서 적합한 역할 및 과업을 부여하지 못한 측면이 있었다. 결과적으로 업무 중심의 패러다임에서 벗어나지 못한 것이다. 이와 더불어 교육전문직원이 어떤 역량을 갖추어야 하는지 명확히 정의를 내리지 못했기에 논란을 더욱 증폭시켰다. 때로는 극명한 개인차로 인해

---

14 연구를 직영하는 이유는 외부에 연구를 맡겼을 때, 교원 인사제도에 대한 이해가 없는 이들은 결론과 정책 제안에 한계가 있을 수밖에 없기 때문이다.

현장에는 업무 부담을 가중시키기도 했다. 게다가 평가 체제 역시 없어 현장으로부터 피드백조차 없었다. 그 결과 교육전문직원 사이에는 개인적 성향 및 역량에 따른 양적·질적 차이가 존재할 수밖에 없었다.

이와 같은 현실에서 이 연구는 '미래교육', '미래학교'에서 요구하는 교육전문직원의 역량 요소를 분석하여 제시했다는 점에서 의미가 있다. 또한 새로운 교육 패러다임에 적합한 교육전문직원의 선발-지원-평가 체제를 정립하여 제시한 바 있는데, 이를 중심으로 간단히 소개하고자 한다.

이 연구에서는 우선 교육전문직원의 상을 보여 주고 있다. 아이러니한 것이 지금까지 17개 시·도 교육청에서 교육전문직원의 상을 제대로 보여 준 사례가 없었다는 것이다. 어떤 역할을 해야 하는지 비전과 목표 없이 기능적인 업무 중심의 일만 수행했다는 점은 성찰해야 할 대목이다. 경기도교육청에서는 혁신성, 현장 지원, 전문성, 학습을 경기도 교육전문직원의 상으로 대표하고 있다. 핵심역량에서는 혁신 지향, 학생·학교 지향, 공적 책무성, 성취 지향, 자기조절 능력, 문제 인식 및 목표 공유, 협업 능력, 창의적·전략적 사고, 문제해결력, 정책 추진, 학습과 성장의 영역을 제시하고 있다.

2017년 선발·임용된 교육전문직원(장학사·교육연구사)부터 교육전문직원의 상과 연결된 역량성장 평가를 매년 실시하고, 3년 차에 종합평가를 실시한다.[15] 역량성장 평가는 교육전문직원의 인적자원 관리를

표 6-2 | 경기혁신교육 3.0 시대 교육전문직원상 모델

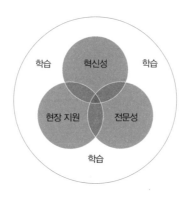

경기교육전문직원 상像	핵심 역량
혁신성 교육의 본질에 대한 철학적 기반 위에 비전을 갖추고 현실을 지속적으로 개선하는 것	혁신 지향 학생, 학교 지향
현장 지원 경기혁신교육의 비전 실현을 위해 지식과 능력을 갖추고 창의적으로 실천하는 것	공적 책무성 성취 지향 자기조절 능력
전문성 교육적 열정을 가지고 공동의 목표 달성 및 조직의 동반 성장을 위해 현장과 소통하고 지원하는 것	문제 인식 및 목표 공유 협업 능력 창의적 · 전략적 사고 문제해결력 정책 추진
학습 혁신성 · 전문성 · 현장 지원 능력을 향상시켜 나아가며 개인과 조직의 성장을 위해 지속적으로 학습하는 것	학습과 성장

출처: 경기도교육청(2019)

---

15 2017년 선발 대상자만 해당하며 선발 전 평가가 예고되어 있어 운영에 큰 문제는 없지만, 전체 교육전문직원으로 확장하는 것은 추후 변화 추이를 지켜봐야 할 것으로 예상된다.

통해 성장하는 교육전문직원상을 제시하고, 역량 강화의 책임을 개인에서 조직으로 확대하는 목적이 있다. 평가 결과는 인사 파일과 동일하게 전산 관리하며, 평가 결과는 본인, 부서장, 인사관리 담당자가 열람 가능하다. 다음 [표 6-3]은 역량성장 평가 체제를 시각화한 것이다.

표 6-3 | 경기도 교육전문직원 역량성장 평가 체계도

정기평가			
평가 주체	자기 평가	동료 평가	부서장 평가
평가 내용 (역량)	• 혁신성 : 비전 • 혁신성 : 혁신 지향 • 헌신성 : 균형 • 전문성 : 업무 • 학습 : 학습/성장	• 헌신성 : 헌신 • 전문성 : 리더십 • 전문성 : 사고 • 전문성 : 업무	• 혁신성 : 비전 • 혁신성 : 혁신 • 헌신성 : 헌신 • 헌신성 : 균형 • 전문성 : 업무 • 학습 : 학습/성장
평가 방법	• 정량 평가 • 정성 평가 • 포트폴리오	• 정량 평가 • 정성 평가	• 면담 • 정량/정성 평가 • 포트폴리오
평가 횟수	연 1회	연 1회	연년 1회
평가 비율	20%	50%	30%

⇩

종합 평가

출처: 경기도교육청(2019)

교육전문직원의 정기 평가는 1년 단위로 하며, 종합 평가는 3년 단위로 한다. 교육전문직원의 역량성장 평가는 평가위원회를 구성하여 운영하고, 정기 평가는 부서장이 자체 구성하며, 종합 평가는 교육전문직원 평가위원회가 운영한다. 실제 직무 상황과 유사한 시뮬레이션을 피평가자에게 다양하게 제시하고, 그 상황에서 피평가자의 역할과 행동을 훈련된 다수의 전문 평가자가 관찰하고 합의하는 절차를 통해 역량을 평가한다. 역량성장 평가는 승진·선발에 활용될 수 있으며, 교육전문직원의 근무 여건 개선과 전반적인 업무수행 능력 향상에 기여할 수 있다고 보고 있다.

표 6-4 | 교육전문직원 역량성장 평가 시기 및 내용

평가명	기간	내용		주관
정기 평가	1년 단위	1~2년 차	역량	부서장
		3년 차	역량+직무 만족도	
종합 평가	3년 단위	역량		교육전문직원 평가위원회

경기도교육청 교육전문직원 인사제도 개선 연구(2019)[16]

이 연구는 교육전문직원이 다양한 방식으로 선발·임용·배치·활용될

---

16 이는 가장 최근에 실행된 연구라 바로 정책에 반영되기는 어려울 수 있다. 실제 정책으로 이어지려면 교육청 상황(조직, 예산, 인력)과 맞물려야 하기 때문에 시기적인 조율이 필요하다.

필요성을 주장하고 있다. 이는 과거 시험 중심의 선발, 학교 관리 중심의 배치·활용과는 차별성을 가져야 한다는 뜻으로 해석된다. 특히 선발제도의 개선이 필요하다는 응답이 전체의 70%를 넘을 정도로 학교 현장에서는 혁신적인 인사정책을 지지하고 있음을 확인할 수 있었다.

장학관·교육장의 경우 선발보다는 활용 측면의 제안이 많았다. 장학관·교육장의 기능을 어떻게 정책 중심으로 전환할 것인지에 대한 고민이 필요한 시점이다. 특히 장학사-장학관으로 이어지는 행정 트랙을 적극적으로 활용함으로써 전문 행정가로서의 역할을 수행할 수 있도록 해야 한다고 보았다. 이와 더불어 교육전문직원(장학사·교육연구사) 연수제도의 도입으로 역량 강화가 필요한 시점이라 보인다. 현재 교육전문직원(장학사·교육연구사)의 선발은 좋은 교사를 선발하고 일회적인 연수를 하여 배치하는 데만 주력하고 있다. 교육전문직원이 교육행정가로서의 역할을 발휘하기 위한 조건이 갖춰지지 않았다는 뜻이다. 이 문제를 개선하기 위해 인턴제도를 제대로 활용하기 위한 정책적 판단이 필요하며, 향후 경력직 교육전문직원을 위한 파견 연수제도 같은 정책의 도입이 필요하다고 보았다.

시·도 교육청의 교육전문직원은 선발 당시 받는 2~3주 내외의 연수가 핵심으로 작용한다. 그 외에 시·도 교육청마다 워크숍(당일, 숙박) 형태, 직무연수 수준의 연수를 받지만 체계적인 교육과정을 운영하는 곳은 서울시교육청을 제외하고 거의 없다고 알려져 있다. 이 외에도 경력직 교육전문직원(장학사·교육연구사)을 대상으로 하는 교육전문직원

역량 강화 직무연수가 2019년부터 새로 시작되었는데, 2019년 기획할
당시에는 거의 의무연수의 개념이었으나 실제적으로 업무 부담으로 인
해 절반가량 이수한 것으로 알려졌다. 유사한 방식이 2015년 이전까지
존재하였다가, 교육전문직원의 업무 부담을 경감한다는 이유로 폐지된
바 있다. 좋은 기획임에도 불구하고 참여자의 상황(업무 부하 등) 때문에
역량 강화가 안 된다는 비판이 일부 있다.

　장학관·교육연구관의 경우 분기별로 주제를 정해 포럼을 운영하는
데, 특강 형식이고 자율적으로 참석하는 형태이다. 일회성 연수에 제한
되어 역량 강화보다는 친교와 네트워킹이 주목적으로 보인다. 교육장의
경우도 크게 다르지 않았다. 이 연구에서는 이러한 한계를 극복하고자
교육전문직원의 체계적인 연수제도를 다음과 같이 제안하고 있다.

표 6-5 | 장학사·교육연구사 연수제도 혁신 방안 정책 제안

유형	내용
장학사, 교육연구사 인턴십 프로그램 운영	장학사·교육연구사 인턴십 프로그램 운영은 기존 인턴 과정처럼 행정업무를 주 는 방식을 지양하고, 6개월 인턴십 과정 중 여러 기관을 돌며 기관의 특성을 이 해한 후 향후 자신이 발령받을 곳에서 실제 활용할 수 있는 지식을 습득할 수 있 게 하는 것이다. 1. 담당 부서: 경기도교육청 교원정책과, 교원역량개발과, 경기도교육연수원이 　공동으로 기획, 경기도교육연수원에서 실행하는 구조 2. 운영 및 교육과정: 2019년 12월 교원정책과, 교원역량개발과, 경기도교육연 　수원 및 외부 정책전문가와 함께 운영 및 교육과정에 대한 별도 TF 구성한다. 　2020년 9월 시범실시 이후 2021년부터 체계화하여 조직 및 인력 보강한다. 3. 근무 방식: 장학사·교육연구사 합격자를 중심으로 유·초·중등 통합으로 조 　를 짜서 1개 조가 교육지원청, 연수원, 본청 부서를 약 1~2개월씩 순환하여 　근무하고, 2개월은 팀별로 집체식·선택형 연수를 듣는 방식이다.

유형	내용
장학사, 교육연구사 인턴십 프로그램 운영	**가. 교육지원청 프로그램 예시** ① 교육지원청 업무별 담당자와의 만남(학교폭력, 인사, 교육과정, 혁신 등) ② 교육지원청 행정 시스템 경험(에듀파인, 예산·재정 시스템) ③ 각종 센터 방문 ④ 각종 민원 처리 과정의 이해 ⑤ 학교 교감·교장과의 만남 ⑥ 지역 혁신학교 교직원과의 만남 **나. 본청 프로그램 예시** ① 본청 업무별 담당자와의 만남(남·북부청사 각 1개월씩 총 2개월. 교육과정, 학교정책, 교원정책, 유아·특수 등) ② 본청 행정 시스템 경험(에듀파인, 예산·재정 시스템) ③ 교육지원청과의 관계 이해 ④ 각 부서와의 협업 과정 이해 ⑤ 일반행정직, 교원단체, 시민단체, 유관 기관과의 협력(거버넌스) **다. 연수기관 프로그램 예시** ① 각종 연수 프로그램의 이해 ② 각종 연수 프로그램의 기획 방식과 연수 방식 ③ 교육 연수생들과의 관계 설정 ④ 창의적인 연수 프로그램을 만드는 법 ⑤ 네트워크를 활용한 연수 프로그램의 활용법 ⑥ 경기도교육연수원, 율곡교육연수원, 혁신교육연수원, 언어교육연수원, 평화교육연수원 등에서 운영하는 프로그램의 참관 **라. 팀별 프로그램 운영 예시(연수원 운영)** ① 집체식 강의는 20~30%가량으로 한정하고, 나머지는 팀별 과제를 수행하여 운영할 수 있도록 함. ② 팀별 멘토 역할을 할 수 있는 전·현직 교육전문직원을 각 1인씩 매칭. 이들이 멘토 역할 후 각 개인에 대한 특성을 파악한 후 교원정책과에 제공하여 DB화 (장점 위주로 작성) ③ 한 팀당 5~8명으로 구성하고, 팀에는 다양한 구성원이 들어갈 수 있도록 급별·지역별 안배 ④ 인턴십 프로그램 이수자를 대상으로 팀별·개인별 포트폴리오 작성 후 향후 정책 활용 방안 모색

표 6-6 | 경력직 교육전문직원 연수제도 혁신 방안 정책 제안

유형	내용	비고
경력직 교육전문직원 연수제도 도입	**1. 정책 1안** • 장학사·교육연구사 3~5년 차 중 희망자에 한해 6개월 장기연수 실시(30~50여 명 공모 선발) • 미래교육 교원리더십아카데미(신규 교육전문직원 연수와 같은 형태)의 방식으로 운영	• 6개월 연수 시에는 신규 교육전문직원을 대체 발령 • 4호 파견이므로 교육전문직원 경력에는 포함 • 6개월 연수 과정에서 드러난 전문성과 기존 업무와 연관하여 새로운 역할 부여 • 6개월 연수 과정 시 본청, 교육지원청, 연수기관의 정책 기획 TF 운영에 참여하는 등 실제 업무와 결합
	2. 정책 2안 • 장학사·교육연구사 3~5년 차 중 부서의 추천에 따라 1~2명씩 장기연수 실시(30~50여 명 공모 선발) • 장학사·교육연구사 경력만으로 추천하지 않도록 안내	• 혁신 역량이 뛰어나 장기적으로 교육전문직원으로서 가능성이 있는 이들은 추후 장학관 승진, 교육전문직원 연수 강사 위촉 등 우대

• 30~50명의 인원은 조정이 가능하며, 교육청 조직과 인사 매칭과 연관될 수 있도록 영역별 선발도 가능. 점진적으로 증원하여 총 20% 내외의 인원이 혜택을 받을 수 있도록 한다.
• 본 연구물에서는 경력직 장학사·교육연구사 연수제도의 도입을 제안하나, 교육자치의 강화로 인해 교육전문직원의 역량 강화가 요구되므로, 추후 장학관 연수제도의 도입 필요하다.

출처: 경기도교육청(2019)

표 6-7 | 장학관 · 교육장 선발제도 개선 방안 정책 제안

역량 중심 장학관, 교육장 추천제	**1. 장학관** • 응시 자격: 교육전문직, 교감 2년 이상인 자 • 보직의 특수성을 고려하여 교육감 및 해당 부서에서 판단하여 학기당 ○명의 자리에만 임명 • 기존 활동 경력, 관련 분야 전문성에 따라 인사위원회 교육지원청, 본청, 연수기관 등의 추천을 받고, 본인 동의하에 간단한 자기소개서 제출이나 소정의 인터뷰 등의 절차만 운영하여 임명 • 기존 장학관 경력이 있는 이에 대해서는 간단한 자기소개서만 받고 임명 가능 **2. 교육장** • 응시 자격: 장학관, 교장 경력 2년 이상) • 일반 공모, 지역 참여 공모제에서 일정 경쟁률 이하이거나, 심사위원의 판단으로 적격자가 없을 시 임명 • 기존 활동 경력, 관련 분야 전문성에 따라 인사위원회, 교육지원청, 본청, 연수기관 등의 추천을 받고 본인 동의하에 임명	• 타천에 의한 방식이며, 당해연도 TO의 20~30% 이내로 설정 • 장학관 · 교육장에 대한 TO는 상황에 따라 유동적 배치
공모제	**장학관, 교육장** • 기존 공모제와 추천제의 통합안 • 응시 자격: 교감, 교장, 교육전문직원 2년 이상 유경험자 • 기존과 같이 추천위원회 구성 및 임용 결정하여 공모 심사 • 장학관 자기 성찰 보고서 제출하여 면접 시 평가 자료로 활용	• 자천에 의한 공모심사 방식 • 응시자는 자기소개서 작성 및 심층면접 실시
지역 참여 교육장 공모제	**1안(지역 참여 교육장 공모제 확대)** • 2019년 9월 1일자 가평, 용인 두 군데에서 2020년 3월 1일자는 개수를 더 확대 • 현장평가단을 학생, 교원, 학부모, 지역사회인사 등을 적정 비율을 안배하여 100여 명 정도 사전 온라인 랜덤으로 선정	

지역 참여 교육장 공모제	• 현장평가단을 위해 사전에 홈페이지 · 공문(지자체, 유관기관)을 통해 안내 • 현장평가단의 의견은 현장에서 받은 후 총 점수 50% 반영(상징적 의미) **2안**(지역 참여 교육장 공모제와 도단위 교육장 공모제 통합) • 방식은 1안과 유사한 형태로 운영	
장학사 **(교육연구사),** **장학관** **(교육연구관)** **승진**	**1안**(근무평정과 역량평가 우수자에 한해 장학관 직무 대리제 활용 후 장학관 임용) • 장학사(교육연구사)에서 장학관(교육연구관)으로 승진하기 위해서는 당해년도 근무평정을 승 진자 3배수 안에 들어야 함(대개 한 자리 숫자). • 근무평정 3배수 이내에 들어가는 장학사(교육 연구사) 중 3년 역량평가제에서도 우수한 평 가를 받은 이들에 대해 면접을 거쳐 최종 합 격자를 결정. 추후 장학관 직무대리로 지정 후 1년 후 임용 • 구체적인 방식은 대상자에게 개별 통보하고, 명단을 홈페이지에 공개하여 장학관에 지원 할 이들은 공개검증(면접심사, 자기소개서, 부서 장 · 부서원 추천서 등)을 거쳐 장학관 임용 • 현재 방식과 차이점은 사전 공개가 되는 점, 면접을 거쳐 임용된다는 점 등이 있음. **2안**(4~5년 차 이상 장학사 · 교육연구사 중 역량평가 우수자 대상 공모) • 4~5년 차 이상 장학사 · 교육연구사 중 장학 관을 희망하는 이들을 대상으로 장학관 공모 함. 심사 방식은 위와 같은 공개 검증(면접심 사, 자기소개서, 부서장 · 부서원 추천서 등) 방식 • 공개 검증을 통해 장학관 임용이 확정된 이 들에게는 장학관 직무대리로 선정하여 수습 기간을 운영, 별다른 문제가 없을 시에는 근 무평정늘 최상위권으로 주고 1 ~2년 이내에 장학관 임용 • 이 방식의 최대 단점으로는 과열 경쟁 양상 우려 존재	• 1안과 2안 모두 장학사 3 년 역량평가제[17]에서 우수 한 역량을 인정받은 인력풀 로 한정 필요 • 근무평정 명부와 승진자 명 부를 별도로 운영해야 할 수 있음. • 과열 경쟁을 막기 위해서 1 년에 2명 내 · 외 최소 인원 에 한해 선발하며, 실무부 서 판단으로 선발하지 않을 수도 있음.

비고	• 모든 장학관·교육장 제도에 대해 심사위원의 협의하에 적격자가 없다고 판단 시 과락 가능 • 향후 경기도교육청 내 모든 장학관에 대해서 2년 이상이면 전직 신청서를 받아 융통성 있는 인사제도 운영 ※ 장학관·교육장의 경우 별도의 외부 검증팀 구성·운영(현장 실사, 평가 방식 기획 등을 담당)

출처: 경기도교육청(2019)

교육자치의 또 하나의 축, 교육행정직

. . . .

교육자치에 있어 교육청 내 교육전문직원과 또 하나의 축을 이루는 것은 일반행정직원이다.[18] 시·도 교육청 내에서는 '교육행정직(이하 교행)'이라고 부른다. 시·도 교육청을 기준으로 교행은 국가직과는 다르게 7급과 5급 시험이 없고 9급만 존재하며, 유·초·중·고 학교나 지역교육지원청, 직속기관, 시·도 교육청에 배치되어 있다. 9급 교행은 교육행정, 전산, 공업, 보건, 식품위생, 시설, 기록연구 등으로 구분하여 선발한다. 시험 과목은 1차는 국어·영어·한국사 등을 보고, 2차에서는 관련 과목을 본다. 교육행정을 기준으로는 2차에서는 교육학개론, 행정법총론, 사회과학, 수학, 행정학개론 중 2과목 선택으로 운영한다.

---

17 2017년 선발된 장학사부터 시행된 제도, 3년간의 자기성장을 유도하고, 임용된 시점을 기준 3년 후 동료 평가, 온라인 평가 등의 종합 평가를 통해 재임용한다.

18 시·도 교육청 내 일반행정직원은 교육청마다 별도의 기준으로 9급을 선발하고 있다. 최근 들어 시·도별로 중앙부처에 위탁하여 통합 선발하고 있다.

교행은 근속연수에 따라 9급에서 6급까지 자동적으로 승진이 된다. 다만 6급에서 5급으로 올라가는 사무관 승진은 관련된 자격[19]을 가진 채로 별도의 시험을 치러서 합격해야 한다.[20] 특히 5급 사무관으로 승진할 때는 교육행정을 제외하고는 사무관 승진 자리가 많지 않다.

이들은 시·도 교육청 내에서 교육전문직원보다 더 오랜 기간 순환보직 형태로 업무를 맡고 있기 때문에 많은 노하우를 갖고 있다. 교육전문직원은 3~6년 근속하면 학교 현장으로 나가고, 업무를 중심으로는 6개월에서 2년가량이면 대부분 담당자가 바뀐다. 이에 비해 한 기관이나 관련 기관에서 지속적으로 업무를 맡고 있는 교행은 회계, 행정 등의 업무에서는 탁월한 기능과 숙련도를 갖고 있다. 다만 교행은 다른 공무원 조직과 마찬가지로 연공서열 구조가 강한 영역이다. 특히 교행의 특성상 유·초·중·고에 근무하는 인원과 교육청 조직에 근무하는 인원을 구분할 수밖에 없는데, 그 안에서도 많은 논란을 야기하고 있다. 교육청에 들어가야만 사무관 승진이 잘된다는 것은 익히 알려진 사실이다. 그러나 학교에 배치된 교행 중에서도 역량이 뛰어난 이들이 있는데, 쉽게 교육청 조직으로 발탁되기 어려운 구조적 문제점을 갖고 있다.

---

19 근무평정을 가지고 시험을 봐야 한다.

20 별도의 노력을 기울이지 않으면 자연스럽게 승진되는 것은 9급에서 6급까지이다. 이마저도 일부 시·도에서는 승진 적체로 7급까지만 승진되는 경우도 있다.

교육행정직의 사무관 승진제도

····

교육행정직의 사무관 승진제도 현황

지방공무원 승진제도는 종래 시험에 의한 방식으로 운영되었으나 1996년부터 시험에 의한 승진 방식과 함께 심사에 의한 승진도 가능하도록 제도가 바뀌었다. 교육자치 이전에는 시험제도로만 사무관을 선발하는 시·도 교육청이 많았는데, 현재는 17개 시·도 교육청에서 시험제도로 선발하는 방식은 거의 배제하고 있는 것으로 알려지고 있다. 일반 승진시험에서 '심사승진제도'라 불리는 방식으로 전환된 것이다. 공무원의 역량을 공정하게 평가하기 위해 필기시험에 의한 공무원 승진은 지양하고, 시뮬레이션 중심의 역량평가를 적극 활용하게 되었다(진종순, 2008).

심사승진제도를 도입하는 주목적은 지방자치단체 인사운영 자율성 제고, 승진시험 준비에 소요되는 경제적·정신적 부담 해소, 실적 중시 공직 풍토 조성, 행정 공백 최소화로 행정 서비스 질 향상이었다(나민주 외, 2017).

사무관 승진제도의 기본적인 시스템을 살펴보면, 시·도 교육청 교육감은 5급 공무원(사무관)의 심사승진제도 승진 계획을 공고하고, 근무성적·경력·가점 등을 고려하여 승진후보자 명부를 작성한다. 이어서 다면평가위원회, 심사승진위원회, 인사위원회를 거쳐 최종 승진자를 결정하는 것이 일반적인 방식이다(홍수영, 2014).

심사승진제도는 역량 평가를 통해 대상자의 역량을 검증하고 있다.

역량은 "조직의 목표 달성과 연계하여 뛰어난 직무수행을 보이고 있는 고성과자의 차별화된 행동 특성과 태도를 의미"하며, 능력의 개념이 조직의 측면에서 그 성과를 창출해 내는 데 초점을 맞춘 것이 특징이다(인사혁신처, 2015).

교행의 역량 평가는 일반행정직과 크게 다르지 않다. 시·도 교육청의 기능상 교육과정 영역에 초점을 맞춘 행정 기능이라는 정도이다. 우리나라도 1960~70년대까지는 일반자치-교육자치가 통합된 형태여서 교육행정직과 일반행정직의 구분이 없었던 시절도 있었다. 사무관 시험에서 역량 평가는 현실적 직무 상황에 근거한 행동을 평가하고, 미래의 잠재력에 초점을 두며, 다양한 실행과제를 활용하여 역량을 측정하고, 다수 평가자가 참여하여 합의에 의한 결과를 도출하는 체계이다(인사혁신처, 2015).

각 시·도 교육청이 지역 특색을 반영하여 선발 방식에 변화는 있지만, 수행 업무의 차별성은 딱히 드러나지 않는다. 특히 교육자치 이후 혁신학교와 혁신교육이라는 공통의 키워드를 통해 정책적으로는 유사하게 운영되고 있다. 즉, 17개 시·도 교육청의 정책 변화에 속도의 차이는 있지만 내용의 차이는 없다. 이혜숙(2014)은 지방교육행정 사무관의 역할 수행에 필요한 역량을 의사소통 능력, 윤리의식, 고객 지향, 기획력, 전문가 의식, 조정통합력, 조직 관리, 팀워크, 인적자원 개발, 창의성, 변화 관리, 문제해결력 등 12가지로 규명한 바 있다.

경기도교육청은 단위학교 근무(행정실) 경력점수를 부여하여 현장성 있는 인사들이 승진할 수 있는 구조를 마련하겠다고 밝히고, 2015년부터 시험을 통한 승진제도를 폐지하였다(제16대 경기도교육감직 인수위백서, 2014). 이 외에도 17개 시·도 교육청의 5급 지방사무관 승진은 승진후보자 명부, 역량 평가 또는 기획력 평가(또는 보고서 작성), 업무실적 평가, 인터뷰, 기타 평가(다면평가, 청렴도 평가, 소양 평가, 자기기술서 등)로 다양하게 실시되고 있다. 대부분 승진 심사 점수를 모두 합산하여 종합 서열 명부를 작성하고 있으며, 인사위원회는 이에 근거하여 승진을 의결하고 있다. 승진후보자 명부를 유일한 기준으로 사용하는 충북과 제주교육청은 인사위원회에서 승진을 결정하였고, 대구와 충남의 경우 승진후보자 명부가 원칙이지만 기획력 평가, 역량 평가, 다면평가 등의 결과를 참고하여 결정하고 있다(나민주 외, 2017).

승진제도에 대한 인식

사무관 승진제도는 교행을 포함한 일반행정직에서 바꾸기 힘든 영역 중 하나이다. 다양한 이해관계가 얽혀 있고 민감한 영역이기 때문에 제도 개선에 부담을 가질 수밖에 없다. 그에 대해 관련 대상자들의 인식을 살펴볼 필요가 있다.

홍수영(2014)은 5개 시·도 교육청(인천·경기·경북·광주·강원) 4급 이하 공무원을 대상으로 5급 지방공무원 승진제도에 대한 인식 차이를 비교·분석하였다. 그 결과 5급 지방공무원의 승진 임용 방법이 합리적으로 잘 운영되고 있다고 답한 비율은 37.1%에 불과했으며, 합리적으로 운영되지 않는 원인에 대해서는 '승진 임용 방법 변경', '자체 승진 위원회 관여', '기타', '승진 규정 위반' 순으로 답하였다. 끝으로 5급으로의 승진에 있어서 가장 큰 문제점에 대해서는 '승진 적체', '승진의 불공정성', '승진 임용 방법', '승진의 한계' 순으로 답하였다.

나민주 외(2017)가 실시한 5급 지방공무원 승진제도에 대한 인식 관련 설문조사의 주요 결과를 살펴보면, 제도의 합리성에 관한 질문에 2.72점으로 평균 이하의 인식을 보였으며, 문제점에 관하여 역량 평가의 개념과 기준의 모호성(3.54점), 직무 외 별도의 추가적인 교육과 준비 필요(3.44점)가 지적되었다. 승진 심사를 위해 고려해야 할 항목의 중요도는 하위 직급에서부터 승진 및 역량 개발에 필요한 교육 훈련 체계 개발(3.99점), 역량 진단 평가 환류 체제 구축(3.98점), 타당한 역량 평가 방법 개발(3.94점), 법령에 세부 평가 규정 마련 필요(3.85점) 순으로 나타났다.

정옥진(2018)은 서울시교육청 6급 이하 지방공무원을 대상으로 지방공무원 역량 평가의 효과성에 관한 인식을 연구하였다. 그 결과, 조직 구성원은 역량 평가의 자질 검증 효과성을 높게 평가하고 있었으며, 교육 훈련과 개인 학습에 참여한 사람들은 평가 역량이 잘 개발되었다고 인식하는 것으로 밝혀졌다. 또한 역량 평가 시행에 따른 인식은 역량 평가가 선발도구로써 타당하며, 대체로 역량 있는 5급 사무관이 선발되고 있다고 인식하는 것으로 분석하였다.

박주민(2019)은 서울시교육청의 역량 평가에 대한 인식 조사를 통해, 역량 평가의 평가 기법 중에서 '서류함 기법'이 역량 평가 준비 과정에서 개인의 역량 개발에 가장 높게 기여하는 것으로 인식하고 있음을 밝혔다.

전국단위로 분석한 결과도 있는데, 나민주 외(2019)는 17개 시·도 교육청 지방교육행정 공무원을 대상으로 5급 사무관 심사승진제도에 대한 인식 조사를 실시하여 분석하였다. 그 결과, 전반적인 인식은 경력이 많고 연령이 높을수록, 또 도시 지역과 각급 학교 근무 중인 응답자인 경우에 더욱 긍정적으로 나타났다. 그러나 소속 교육청에서 5급 승진제도가 합리적으로 운영되고 있느냐는 질문에 응답자의 24.1%가 긍정적으로 대답한 반면, 41.2%가 부정적으로 응답하였다. 승진제도의 문제점에 대해서는 역량 평가의 개념과 기준이 모호하다, 직무 외 별도의 추가적 교육과 준비가 필요하다, 승진 평가의 방법과 영역·비율이 타당하지 못하다, 승진 임용 과정이 공정하지 못하다는 답변 순으로 도출되었다. 끝으로 지방교육행정 공무원 사무관 승진제도로 적합한 방법에 대한 설문에서는 일반 승진시험, 심사승진제도와 일반 승진시험의 병행, 심사승진제도만 운영 등의 순으로 나타났다.

교육행정직 사무관 승진제도 개선 방안

모든 정책과 제도에는 명암이 존재한다. 시·도 교육청의 사무관 승진 제도도 마찬가지다. 심사승진제도냐 일반 승진시험이냐의 기준으로 놓고 볼 때 장단점이 있다. 일반 승진시험의 경우 공정해 보이지만 타당성은 떨어진다. 공정성을 기준으로 놓고 보면 잡음은 덜 하지만, 시험을 준비하는 6급 대상자의 경우 업무를 놓고 시험에 매달릴 수밖에 없는 현상이 비일비재하였다. 심사승진제도의 경우 아무리 공정성을 기한다고 하지만, 결국 소수의 선발 인원을 어떻게 선발하는지에 대한 투명성 담보 문제가 남는다.

김명숙(2012)은 지방교육행정 5급 공무원 심사승진제도 개선을 위해 ①근무성적평정의 제도적 역할 제고, ②경력평정제도의 형평성 제고, ③가점제도의 효용도 저하에 대한 제고, ④승진후보자 명부의 부적절성 제고, ⑤전자 인사관리 시스템 실효성 제고, ⑥위법한 승진행위에 대한 관대화 경향의 제고, ⑦미승진자의 사기 저하와 조직 침체에 대한 제고 등의 방안을 제시하였다.

나민주 외(2017)는 지방교육행정 사무관의 역량 제고를 위하여 ①생애주기별 역량 모델링 및 교육 훈련, ②다양한 업무 경험을 통한 역량 개발, ③내부 강사 활용 시스템 구축, ④근무성적평정 개선 등의 방안을 제시하였다. 더불어 5급 지방 사무관은 중간관리자로서 모든 기관에서 발휘해야 하는 공통역량이 필요하므로 순환근무를 통해 교육청과 학교에서 다양한 업무를 경험하고, 그 과정에서 역량이 자연스럽게 개발되어야 한다고 주장했다. 또한 역량 평가는 일반 승진시험에 비해 준비가 어렵고 단기간에 역량을 갖추기가 쉽지 않아, 교육청 내에 역량 고성과자가 강사 혹은 멘토로 활동할 수 있도록 지원해 주는 것이 사교육을 막고 교육 기회를 넓혀 주는 하나의 방법이 될 수 있다고 제안하였다.

박주민(2019)은 서울시교육청이 지역거점 연수기관을 활용해 역량 개발 과정을 운영하는 것이 승진 준비 과정에서 사교육 시장으로의 진입을 차단할 수 있으며, 그 과정에서 실질적인 역량 개발이 이루어진다고 주장하였다.

마지막으로 김민희(2019)는 2개 교육청의 사례를 분석하고, 중간관리자인 지방교육행정 사무관의 역량을 높일 수 있는 제도 개선 방안을 다음과 같이 제시하였다.

첫째, 5급 사무관에게 요구되는 역량이 무엇인지를 종합적으로 구현하는 모델링 개발이 필요하다.

둘째, 5급 심사승진제도 외에도 전체 지방공무원의 입직부터 퇴직까지 보직에 따른 역량을 개발할 수 있도록 교육 훈련 기회가 제공되는 시스템을 개발해야 한다.

셋째, 5급 사무관 승진 이후 역량이 제대로 개발되거나 구현되지 못하고 있는 내·외부적 문제를 해결해야 한다.

넷째, 심사승진제도의 실질적 효과를 위해서는 일상적인 근무평정제도 운영을 내실화해야 한다.

다섯째, 교육청 차원의 역량 기반 인적자원 관리 시스템이 동시에 구축되어야 한다.

사무관 승진제도에 각 교육청별로 변화를 시도하는 과정은 의미가 있다. 하지만 외형은 바뀌었지만 내면을 들여다보면 여전히 연공서열의 요소가 강하고, 상급자의 근무평정의 영향력이 큰 편이다. 사무관 승진을 위하여 별도로 준비하는 과정에서 사교육 요소가 작동하기도 한다. 제도 변화의 핵심은 단순하다. 사무관 승진 대상자가 머물러 있는 공간에서 어떤 성과를 냈고, 주변 사람들은 어떤 지원을 받았는가를 확인해야 한다. 현장에서 무엇을 시도했고, 어떤 성과를 냈는지, 앞으로 무엇을 하고 싶은가를 지필과 면접을 통해서 일관되게 확인해야 한다. 실천의 경험이 없으면 대답하기 힘든 내용으로 승진제도를 얼마든지 개선할 수 있다.

더불어 평판 검사를 강화하는 차원에서 그 진실성과 진정성을 그가 근무했던 기관의 주변 사람들에게 확인하는 시스템을 구축해야 한다. 사무관 시험이라고 해도 교행 간의 평가만으로 진행하면 연공서열 중심으로 진행될 우려가 있으므로, 일정 비율은 교육전문직이나 학교 현장의 평가를 통해 건강한 구조로 바뀔 것을 제안해 본다. 최근 17개 시·도 교육청에서 교육전문직의 온라인 평가가 강화되고, 경기도교육청은 일반행정직에게도 온라인 다면평가를 받고 있다. 이런 점을 참고해 볼 필요가 있다. 교육기관이 해소해야 할 가장 큰 과제는 칸막이 시스템이다. 말만으로는 해소되지 않는다. 상호평가 시스템을 구축해야 한다. 이러한 구조가 형성되면 일하는 문화에 변화가 온다.

향후 시·도 교육청마다 많은 고민을 하겠지만, 지속적으로 관련 정책을 연구하고, 6급 이하 대상자들의 목소리를 경청할 필요가 있다. 사무관 승진제도, 교육전문직원의 선발·연수·평가 등은 더 이상 정책의 블랙박스로 취급되어서는 안 된다. 교육행정직과 교육전문직원은 각자의 기득권을 내려놓아야 한다. 정책을 시행할 때 나에게 이익이 될 것인가, 손해가 될 것인가를 따지기 시작하면 변화를 불러올 수 없다. 현재의 상황에 대한 문제의식, 비판의 목소리, 시대의 변화와 미래교육의 방향을 종합하여 용기를 내 결단을 내려야 한다.

인사제도를 설계하는 이들도 각각의 이해관계에 포섭되어 있다는 점에서 정책 설계가 쉽지 않다. 정책을 바꾸었을 때 져야 할 부담감이 크다 보니 관성대로 정책을 유지한다. 이들에게도 용기가 필요하다. 때로는 나에게 손해가 될 수도 있다는 각오로, 비판의 목소리를 수용하고 용기를 내 변화를 시도해야 한다.

7장

◇◇◇

교원능력개발평가[1]

1 교원능력개발평가 개선을 위한 토론회(교육부, 2019)의 토론문을 수정하였다.

교원능력개발평가와 우리의 현실

. . . .

노무현 정부를 시작으로 교원능력개발평가가 도입되었다. 하지만 정부
(교육부)의 제도 도입 취지와 학교 현장이 체감하는 제도 운영 양상이
일치하지 않으면서 혼란이 시작되었다. 동상이몽^{同床異夢}처럼 하나의 정
책에 대해 교원과 학교 현장 그리고 중앙정부가 서로 다른 해석을 하고
있는 실정이다. 정부는 학생·학부모의 요구를 받아들여 교원능력개발
평가를 대대적으로 시행하였다. 이는 부적격 교원에 대한 제재를 목표
로 하는 듯했으나, 정책의 지속성과 한계성으로 인해 용두사미^{龍頭蛇尾}
로 그치고 말았다.

교원능력개발평가는 시장의 논리를 정책과 행정에 투영하는 흐름이
강화되면서 나타난 정책의 일환이다. 크게는 신자유주의, 작게는 신공
공관리론의 시각이 반영된 정책으로 볼 수 있다. 효율과 경쟁의 가치를

통해서 관료주의의 폐단을 혁파하고, 정책 수요자의 시각을 반영한 정책 환경을 만들기 위한 시도로 해석할 수 있다. 예컨대, 학부모나 학생의 시각에서 보면 질 높은 수업과 학급 운영을 시행하는 교사가 있고, 그렇지 않은 교사도 있는데, 적어도 후자의 교사들에게 긴장을 줄 수 있는 정책 기제를 모색하는 흐름이다.

그런데 정책의 목표와 상관없이 현재의 교원능력개발평가는 그 누구도 만족하지 않는 계륵鷄肋과 같은 정책으로 남았으며, 들어가는 행정적인 품에 비해 그 성과가 무엇인지 자신하기 어려운 상황에 놓여 있다. 교원의 능력을 개발하는 과정은 없어지고, 정량적인 평가로만 부적격 교원을 선발하는 손쉬운 방식으로 접근한 것이 패착이 되었다.

장기연수 대상자의 비율은 정확하게 공개되지 않았지만, 실제 문제 있는 이들은 장기연수 대상자에 포함되지 않은 상황이 다수 발생하고 있다. 또한 장기연수 대상자가 되어 연수를 받았다고 부적격 교원이 적격 교원으로 바뀔 리도 만무했다. 연수 담당자의 말에 의하면, 일정 기준에 도달하지 못한 장기연수 대상자에게 연수를 받아 달라고 사정하는, 주객이 전도되는 상황도 발생하고 있다.

학생과 학부모 입장에서도 문제가 있는 교사를 나름 객관적으로 평가했는데도 달라지는 것이 없다 보니 교원능력개발평가 참여율도 낮아지고, 공교육에 대한 신뢰는 계속 떨어질 수밖에 없다. 더군다나 법적인 근거 없이 훈령으로 접근하였고, 제도의 도입 초기에 교육부는 교원단체에게 "교원 인사와 결합하지 않는다."는 조건을 전제로 하였기 때문에 과감한 제도 개선에 대한 부담을 지고 있다. 이는 교원능력개발평가가 제도의 실효성 측면에서 매우 제한적인 접근이었음을 여실히 드러내는 대목이다. 학생과 학부모에게 취지와 효과에 대한 명확한 이해 없이 참여도를 높이는 데 집중했으며, 그 평가 시기도 매우 짧은 기간에만 집중하는 방식을 취했다. 평가 이후에 피드백은 개인에게 잠깐 평가 결과를 공개하는 수준에 그쳐 학교 공동체에 영향을 끼치지는 못했다. 제도의 취지는 사라지고, 행정의 껍데기만 남은 상황이라 할 수 있다. 결국 개인에게 모든 책임을 맡기는 구조가 되었고, 정보의 투명한 공개와 활용이 이루어지지 못하고 있다. 평가 방식의 체계성과 공정성, 합목적성 등에서 의심하지 않을 수 없다.

또한 간접 평가 내지는 이중적 평가의 한계를 여실히 드러내고 있다. 학부모는 교사를 평가할 때 무엇을 평가해야 하는지 불분명한 경우도 많다. 특히 자녀에게 전해 들은 내용을 근거로 잘 알지 못하는 교사를 평가해야 하는 불편함이 있었다. 적지 않은 교사들이 때로는 학생들의 거친 서술에 상처를 받기도 한다. 교원능력개발평가는 몇 차례 정책 기조가 바뀌면서 다면평가와 업적 평가로 구분되기도 하였는데, 그 실효성은 여전히 의문으로 남는다.

모든 교원단체가 반대하고 있으며, 심지어 교원능력개발평가 결과를 확인도 하지 않는 교사들도 다수인 게 현실이다. 교원능력개발평가 자체에 여러 가지 문제가 있다는 점은 시종일관 분명하다. 목적 자체가 불

분명했고, 초점이 없었다. 용어에서 보듯이 능력 개발은 정책에 담겨 있지 않다. 부적격 교원[2]에 대한 별도의 대책 없이 교원능력개발평가로만 부적격 교원을 거르려는 시도는 정책의 한계를 도출하고 있다. 어느 집단이나 수준 미달의 역량을 가진 이들이 존재하는데, 안타깝지만 교직도 예외일 수는 없다. 그러나 교직 안에서 이들을 거를 만한 장치가 존재하지 않았던 것은 사실이다. 그런 탓에 학생과 학부모는 특정한 문제가 있는 교사를 일반화하여 대다수 교원과 학교를 불신의 시선으로 바라보게 됐으며, 이런 불신을 쇄신할 시스템의 부재가 공교육에 대한 국민의 신뢰를 회복하는 데 장애물이 되어 왔다.

대표적인 사안을 살펴보면, 가령 일정 규모의 지역교육청 관내에는 정신질환을 가진 교사가 한두 명쯤은 존재할 수 있다. 같은 교사가 봐도 동료 교사, 학생, 학부모 등과의 상호작용이나 업무를 추진하는 과정에서 여러 문제를 일으키는 교사가 없다고 보기 어렵다. 숫자가 많지 않아도 관내 교원이나 학부모는 그러한 교사에 대해 들어 봤거나 경험한 적이 있을 것이다. 이런 사례가 일부라도 발생하면 교원에 대한 사회적 자본과 신뢰가 하락한다. 가끔씩 등장하는 일부 교사의 사회적 일탈 내지

---

2 부적격 교원은 학교 현장에서 수업과 교육과정을 적정선에서 가르칠 수 없을 정도로 현저하게 문제가 있는 교원으로 정의하려 한다. 경찰, 소방, 군인 등에서는 현장 배치 부적격 기준이 별도 존재한다. 경기도를 기준으로 장기 심화연수(2.5 이하 3년 연속)를 받은 대상자는 11만 교원 중 10~20여 명 정도로 극히 제한적이다. 이들을 부를 만한 적당한 용어가 없기에(교육부 차원의 정의 포함) 본서에서는 '(현장 적용)부적격 교원'이라는 용어를 쓰려 한다.

는 비위행위로 인해 교사들은 사회로부터 신뢰를 잃는다. 역량 있고 열심히 수업하는 대다수의 교원도 피해자가 되는 것이다.

이런 정신질환 교원은 학교장 직권으로 병휴직이 가능하나, 실제 학교장 직권으로 병휴직을 한 사례는 찾아보기 힘들다. 최근 강원도교육청과 서울시교육청에서 '질환심의위원회'를 열었다. 교원단체, 교육청 관계자, 학부모, 변호사, 의사 등이 참여하는 형태의 위원회로 본청에서 직권휴직을 시키는 시스템을 도입한 것이다.[3]

교원능력개발평가는 사실상 수명을 다한 정책임이 분명하다. 이미 지역 교육지원청에서는 교육전문직원이 아닌 일반행정직이 업무를 맡고 있는 점도 주목해야 한다. 정책 개선보다는 관성적 업무 집행을 통해 현상 유지만 하고 있다. 다수의 설문조사에서 나타나듯 학생과 학부모는 현재처럼 형식적으로 하지 말고, 실제적인 교원 평가를 해야 한다는 의견이 많다. 그러나 교원능력개발평가로는 실제적인 교원 평가를 할 수도 없을뿐더러 정보 접근 역시 매우 제한적이다. 게다가 낮은 평가를 받은 부적격 교원에게 실제로 대책이 마련되는 경우는 없다. 단·장기 연수를 담당했던 실무자(장학사·연구사)에게 직접 들은 결과 사실상 안식년을 수행하는 상황이라고 한다. 일정 기간 연수를 받으면서 쉬다가

---

3 지역마다 이러한 시스템이 본청에 있었던 경우가 있으나 법적인 한계가 존재하고, 관련해서 많은 의견 충돌이 있어 사라지는 경우가 있다.

복귀하는 셈이다. 이처럼 크게 불이익이 없는 상황에서 단·장기 연수가 어떤 실효성이 있을까 의문이다.

따라서 교원능력개발평가의 정당성 및 실효성에 대한 사회적 논의가 필요한 시점이다. 정말 필요한 상황이라면 과감하게 제도를 폐지하는 방안도 고려해 볼 수 있을 것이다. 일각에서 제기되고 있는 "교사는 임용과 동시에 전문가로 평가받아야 한다."는 주장은 국민 여론이나 세계적인 추세에 비추어 볼 때 현실과 맞지 않다. 일례로 경기도교육청에서는 2017년부터 교육전문직원(장학사)도 3년 종합평가를 실시하여 재임용 여부를 결정하고 있다. 호주·일본 등 해외에서는 교사자격 갱신제와 교원의 역량과 연동하여 평가·성장을 유도하고 있다. 시대의 흐름이 그러한데, 교원 임용시험이 전문성을 판단하는 최후의 보루인 것처럼 생각해서는 누구에게도 인정받을 수 없으며, 결과적으로 교원 집단은 고립될 것이다. 일반적으로 대중이 전문직이라고 생각하는 대학교수도 수업에 대한 평가를 받고, 동시에 학술논문과 연구 실적을 평가받기도 한다. 평가 주체도 대학생, 본부, 외부위원 등 다양하다. 이러한 방식이 교사들에게 도입되지 않는 한 교원에 대한 국민의 인식이 개선될 가능성은 많지 않다.

우리나라는 대체로 절대평가가 아닌 상대평가로 접근하려는 특유의 경향이 있다. 평가 결과에 따라 신상필벌을 주어야 한다는 식이다. 하지만 그 대상이 교육과 관련되었다면 이런 사고방식이 옳다고만은 볼 수 없다. 평가에 대한 폭력적 사고방식 때문에 대다수의 교원이 교원능력개발평가에 대해 불편함을 느끼는 구조가 형성된다. 이러한 상황은 정책 수립과 집행 등 모든 과정에서 반드시 개선되어야 한다.

이와 더불어 기존 '학습연구년제'처럼 평가에 있어서 최상위권만 우대하겠다는 정책 의도 자체가 넌센스이다. 절대평가 기준으로 일정 기준이 넘는 이들에게는 모두 연수·재교육의 기회와 함께 일정 기준의 인센티브를 주는 방안을 고민해 볼 필요가 있다. 2019년 전국시도교육감협의회는 1정 연수(3년 차 이상) 이후 교사 재교육의 관점에서 10년, 17년에 재교육을 시키고, 그 과정에서 한 호봉 승급 등의 인센티브를 도입하는 방안을 제안한 바 있다. 이는 시대적 흐름과도 잘 부합하므로 정부는 이를 고려해 볼 필요가 있다.[4]

부적격 교원에 대한 대책 방안은 왜 필요할까
....

표준국어대사전에서는 '교사'를 '주로 초·중·고등학교 따위에서, 일정한 자격을 가지고 학생을 가르치는 사람'으로 정의하고 있다. 따라서 교사의 핵심 과업은 교수·학습과 생활지도일 것이다. 그렇다면 교사의 핵심 과업인 교수·학습과 생활지도 부분에서 어떻게 부적격 교원을

---

4 전제 조건은 1정 연수처럼 승진제도에 쓰이지 않고, 성장과 실제 활용에 초점을 맞춰야 한다.

선별해 내고, 어떤 대책을 세우는 것이 옳을까? 최근 연구의 설문조사 결과에 따르면 학생 및 학부모의 90% 이상이 교원능력개발평가를 통하여 교사의 수업 능력 개선이 필요하다고 밝히고 있다. 공교육의 책무성 강화 차원에서 교수·학습 능력이나 생활지도력 부족 교원에 대한 대책 요구가 크다는 사실을 알 수 있는 대목이다.

무엇보다도 교원의 사회적 신뢰 회복을 위하여 부적격 교원(문제 교원, 지도력 부족 교원 등)에 대한 자체적인 제재 방안 마련이 시급하다. 이는 교사 집단이 전문가 집단으로 인정받기 위해서는 집단 내 구성원에 대해 객관적이고 냉철하게 자정할 수 있는 기능이나 시스템이 필요하다는 의미이기도 하다. 그러나 앞서 밝힌 것처럼 현재는 부적격 교원(정신질환 교사·문제 교사 등)에 대한 특별한 대책이 없는 상황이다. 게다가 교원능력개발평가 결과를 인사 자료로 활용하기에는 법적 근거 역시 미약한 상황이다. 부적격 교원 심의위원회와 같은 신설 법률 제정(시행령) 등을 통해서 제도적·법적 근거 마련이 필요한 시점이다.

지금의 학교는 분명 '실적 감소의 위기'를 겪고 있다. 물론 학교는 국가가 정한 교육정책의 지향점에 대해 달성해야 할 목표가 무엇인지를 명확하게 인식하기 어렵고, 교육적 성과에 대해 다양한 정의를 내릴 수밖에 없는 특성 때문에 교육 성과의 측정에 대한 구성원의 합의를 이끌어 내기 어려운 측면이 있다(변기용 외, 2018). 그럼에도 불구하고 학교는 분명한 실적 감소의 위기에 직면해 있다. 「공교육 정상화 촉진 및 선행교육 규제에 관한 특별법」이 학교 조직이 당면한 위기를 대변한다. 여기서 '정상화'의 사전적 의미는 '정상적인 상태가 됨. 또는 그렇게 만듦.'이다. 요약하면, 현재 우리나라의 초·중등학교 교육 상황은 정상적인 상태가 되기 위해서 특별법을 제정해야 할 수준으로 추락하였고, 그만큼 성과 측면에서 위기를 겪고 있다.

역대 정부는 '과열과외 예방 및 공교육 내실화 방안(교육부, 2000)', '공교육 정상화를 위한 사교육비 경감 대책(교육인적자원부, 2004)', '공교육 경쟁력 향상을 통한 사교육비 경감 대책(교육과학 기술부, 2009)', '사교육 경감 및 공교육 정상화 대책(교육부, 2014)' 등의 사교육 억제 정책 방안을 수립·시행해 왔다. 하지만 공교육 정상화와 사교육 경감 노력에도 불구하고 사교육비와 선행학습 감소는 요원하였다(박도영 외, 2015). 그 결과 학생들의 교육 결과에 대한 공교육의 책무성 부재를 비난하는 목소리가 증가하고 있다. 학력 저하 논란, 심각한 사교육 의존 현상 등에 대한 교육 현장의 개선 노력이 반드시 필요하다. 이와 더불어 교육자치, 학교자치 실현 등을 위하여 교원 집단의 전문성 개발과 수업 개선 노력을 위한 경각심 고취가 요구된다.

최근 발표된 교원능력개발평가 개선 연구 소개
· · · ·

교원능력개발평가가 시작된 지 10년이 흐르면서 여러 정책연구가 수행되었다. 하지만 정책연구가 실제적인 정책 변화로 연결되지 않고, 현상에 대한 분석만 하는 정도에 그치고 있다. 최근 새로운 흐름을 담은 교원능력개발평가 관련 연구가 있어 소개하고자 한다. 2019년 교육부의 수탁을 받아 단국대학교 이영희 교수 연구팀이 수행한 정책연구이다.[5] 이 연구에서는 교원능력개발평가 제도의 개선 원칙과 방향을 담았고, 그와 관련된 3가지 정책 제안을 하였다.

이 연구에서는 단일안이 아닌 3개의 안을 제시하였는데, 각 방안에는 장단점이 있는 만큼 담론과 논의를 거쳐 미래형 교원능력평가 정책을 모색할 필요가 있다.

1안은 책무성 모형, 2안은 학교자치 모형, 3안은 환류 모형이다. 실제 정책에 반영될지는 미지수이나, 현재까지 제시할 수 있는 안을 가장 현실성 있게 제시하였다는 평가를 받았다. 각각의 안은 성격이 상이하고, 진보 교원단체나 전국시도교육감협의회에서 주장하고 있는 안은 학교자치 모형인 2안에 가깝다. 2안의 경우 실질적으로 교원능력개발평가의 폐지에 준하는 방식이다. 한편 학생과 학부모는 1안인 책무성 모형을 선호하는 것으로 연구에서 확인되기도 하였다.

다음 내용은 교육부에서 2019년 12월 실시한 공개토론회에서 발표된 연구진의 3가지 안에 대한 설명이다(에듀인뉴스, 2019. 12. 12.).

---

5 현재까지는 비공개 보고서이므로, 언론에 나온 내용을 중심으로 기술하였다.

1. 책무성 모형 : 학교 구성원 모두가 동일 비율 권한 행사

책무성 모형(통합 모형)은 기존 교원능력평가 시스템과 근무평정 시스템을 통합·운영하는 방안이다. 기존 학교장 중심의 교원 근무성적평정제도에서 탈피해 교감·교장, 동료 교원 다면평가, 학생 평가를 각 33.3% 반영하며, 교감·교장 평가에는 교육청·교사·학부모·학생이 각 25%의 지분을 갖고 참여하는 것이 골자다.

이 모형은 교감승진 및 승진교장제, 교장공모제, 교장중임제 등 현행 모든 교장제도에 적용 가능하며, 지도력 부족으로 판정된 경우 교육전문직원 응시 파견제도, 연수제도 등 시·도 교육청이 운영하는 모든 혜택에서 배제한다. 특히 교장공모제 지원자격을 배제해 책무성을 높이겠다는 취지다.

지도력 부족 교원은 지도력 향상을 위한 총 5차에 걸친 처방을 받는다.

- 1차 : 자체 개선 계획 수립 및 실행
- 2차 : 동일 문제 발생 시 교육청 컨설팅 및 연수 실시
- 3차 : 타 지역 전근 및 장기연수
- 4차 : 6개월 무급 자율휴직
- 5차 : 교원단체, 전문가, 교육청 관계자 등이 종합 판단해 호봉 상향 유보, 장기휴직, 권고사직, 직권면직 대상자 여부 판단

연구진은 책무성 모형의 장점으로 기존 학교장 근무평정제도의 불합리성을 개선할 수 있고, 교감·교장의 책무성 강화가 기대된다고 밝혔

다. 또 평가 타당성 및 신뢰성 확보가 가능하고, 우수 교원은 승진이나 공모제 교장으로 전직 가능성을 높일 수 있고, 특히 지도력 부족 교원에 대한 온정주의에서 벗어날 수 있어 국민 신뢰도 제고 및 개인 각성 효과가 높을 것이라고 예상했다.

단점으로는 인사정책과 결합함으로써 경쟁적 요소로 변질될 수 있어, 이 과정에서 평가 과정 자체가 왜곡될 가능성이 있다고 밝혔다. 특히 일부 교원단체의 반발로 목적 자체가 변질될 수 있음을 경계했다.

2. 학교자치 모형 : 실제적 교원 평가 폐지

학교자치 모형은 교육부가 시·도 교육청에 교원능력개발평가에 관한 권한을 위임하고, 교육청이 평가 계획을 자체 수립하는 방식이다. 학교 자체 평가와 통합해 개인과 학교 평가에 대한 구성원의 의견 수렴 절차와 방법을 논의해 학교가 자체적으로 계획을 수립해 진행하는 형태이다.

연구진은 학교운영위원회 내에 학교공동체발전위원회(가칭)를 구성해 운영할 것을 제안했다. 위원회에는 학부모, 학생, 교원, 외부 전문가 등이 참여해 민주적 의사결정이 가능토록 하겠다는 취지이다.

인사제도와 연계할 경우 인사 자료로 활용할 것인지 여부는 학교 자체 판단에 맡겨진다. 따라서 기존 근무성적평정제도와 다면평가는 그대로 유지·운영해야 한다는 한계가 있다.

지도력 부족 교원으로 반복적으로 꼽히면 연수·상담·컨설팅 등을 거쳐 6개월에 한해 유급학습연구년을 갖게 해 자기계발의 기회를 부여한다. 그래도 반복적 문제 발생 시 직권퇴직 권고 등 개입 조치가 가능하도록 되어 있다. 지도력 부족 교원은 교육과정 운영과 학급 운영, 생활지도 과정에서 3회 이상 5점 만점에 학생과 동료 교원으로부터 2.5점 이하를 얻은 교원을 의미한다.

연구진은 학교자치 모형의 장점으로 교육자치와 학교자치, 분권의 가치에 부합하며 민주적이고 이상적인 방안으로, 가장 민주적인 학교 모델로서 구성원의 자율성을 극대화할 수 있다고 밝혔다. 또 세부 방법과 내용은 교육청과 단위학교에 위임함으로써 다양한 모델 개발이 가능하며, 기존 평가에 관한 현장의 정서적 거부감 해소 등의 효과가 있을 것이라고 예상했다.

단점으로는 교육청과 학교별 평가 기준과 내용, 절차가 상이해질 수 있고, 학생과 학부모의 정책 신뢰도가 저하될 가능성이 있다고 지적했다. 또한 기존 근무성적평정제도가 존속되어 기존 승진 문화 개선에 한계가 있으며, 중복 평가라는 비판을 받을 가능성이 있다고 밝혔다. 이밖에도 교원을 국가직 공무원으로 유지해야 할 명분 약화와 형식주의·온정주의로 귀결할 가능성이 있음을 우려했다.

3. 환류 모형(절충 모형) : 1학기 평가 후 2학기 최종 확정, 교육당국 정책 결정 부담 완화

이 모형은 기존 평가 시기를 1학기로 옮겨 중간평가를 실시하고, 피드백을 거쳐 2학기에 최종 확정하는 것이다. 1학기 평가를 수정하거나 별도 의견을 제출하고 싶은 학생과 학부모만 최종 평가에 참여하게 된다. 이때 교원능력개발평가 명칭은 '교원 활동 개선을 위한 구성원 만족도 조사'로 변경하고, 동료 교원 평가는 기존 근무평정 산출을 위한 동료 교원 다면평가와 통합해 진행한다.

인사정책에는 교장과 교감 근무평정, 중임 시, 교육전문직원 시험 시 일부 반영할 수 있다. 교사의 경우는 동료 다면평가 비중을 상향하여 교감·교장의 근무평정 비중 절대성을 약화해 학교민주주의 실현에 기여할 수 있도록 한다.

지도력 부족 교원에 대해서는 중임, 공모제, 승진, 교육전문직원 응시, 파견, 연구년 등에 불이익을 준다. 1차 중간평가 결과 문제가 발생한 교원은 총 5차에 걸친 처방을 받는다.

- 1차 : 교원평가관리위원회에서 개선안 요청
- 2차 : 단기연수 및 상담
- 3차 : 장기연수 및 교육청 차원 컨설팅단 구성
- 4차 : 6개월에 한하여 연구년 등의 시간을 가지도록 함(유급).
- 5차 : 복귀 후 관련 조치 미이행이나 부적응 시 전문가 종합 의견 수렴 후 직권퇴직 이행.

연구진은 환류 모형은 학교자치 모형과 책무성 모형을 선택하는 데 정책적 부담이 있는 경우 기존 여러 단위에서 제안한 교원능력평가 관련 문제를 개선함으로써 현장성과 실효성 강화하는 데 적합하다고 설명했다.

환류 모형의 장점으로 중간평가 이후 피드백 과정을 통해 교원의 역량 제고 지원에 나설 수 있으며, 교사는 교감·교장의 근무평정, 동료 교원의 다면평가, 학생의 수업 및 생활지도 만족도 평가를 통해 성찰 자료로 활용하며 피드백을 강화할 수 있다고 설명했다. 또한 학부모는 학교만족도만 평가함으로써 학생의 의견을 들어 교사를 간접 평가하는 방식의 문제를 해결할 수 있으며, 학생과 학부모의 학교만족도 평가 강화로 교감·교장의 책무성이 강화될 것이라고 기대했다.

교원능력개발평가 연구에 대한 가능성과 제안
····

단국대학교 이영희 교수 연구팀이 제시한 3개 안을 중심으로 교원능력개발평가의 가능성과 문제점을 탐색해 보자.

우선 연구진의 제안 중 지도력 부족 교원 정책과 법적·제도적 보완 내용을 분리해서 담은 내용은 매우 인상적이다. 실효성 있는 교육부의 대책으로 이어지기를 기대해 본다. 교원능력개발평가는 학교 내 민주주의 정착과 교원의 성장을 유도하는 방향으로 이루어져야 할 필요가 있다. 그러기 위해서는 기존 제도가 가지고 있는 장점을 최대한 살리는 방향으로 운영하는 것도 효과적일 수 있다. 어떤 정책이나 제도이든 기존 제도와 분리되어 버리면 현행 교원능력개발평가처럼 학교 현장과는 멀어질 가능성이 크다. 현행 교원 정책(인사·연수제도)과 일정 부분 연계하여 운영될 필요성이 있다.

지도력 부족 교원의 경우 단계적 절차를 밟아 직권면직이 이루어지도록 해야 한다. 물론 절차적 정당성을 제도적으로 확보해야 하며, 법리적 하자는 사전에 면밀히 검토하여 제거해야 한다. 사전 작업이 충분히 진행되지 않은 채 제도 변화가 이루어질 경우, 현재와 마찬가지로 지속적인 시·도 교육청 대 학교(또는 교사 개인)의 소송전이 발생하면서 정책 실효성이 떨어지고 말 것이다.

책무성 모형(통합 모형)에 대한 가능성

교원능력개발평가와 기존 인사제도를 연동해 평가 체제를 일원화한다는 취지 자체는 매우 효율적이고 전략적이다. 기존 인사제도와 연동하기 때문에 별도의 법제화가 없더라도 가능할 수 있다. 특히 호봉 승급의 경우 근무평정 '양'을 받는 교원은 전국 안에서도 손꼽을 정도로 사문화된 제도이다. 호봉 향상 유보(호봉 승급 제한)의 취지는 학교 자체에서 부적격 교원이 있으면 교감·교장이 협의하여 제재를 부여할 수 있도록 하는 학교자치의 관점이 들어간 제도라 볼 수 있다. 그러나 누구에게나 호봉 승급은 당연하다고 여기는 학교 분위기상 교감·교장이 근무평정에서 '양'을 줘서 호봉 승급이 안 된다면 불이익을 받는 교원이 소송도 불사할 가능성이 커진다.

책무성 모형은 절대평가 방식이므로 적절하고, 학교 내 구성원이 민주적으로 합의하는 방식으로 제한적으로 활용한다면 분명 의미가 있을 것이다. 현행 교감·교장 중심의 인사권 활용이 아니라, 구성원 전체의 합의 또는 위임된 권리를 가진 위원회의 구성을 통해 합의하는 구조가 되어야 한다. 학교 내 인사위원회가 있지만 대부분의 학교에서 온정주의가 작동하는 것을 볼 수 있다. 그러므로 학생과 학부모 등 외부 인사가 포함되어 견제와 균형의 원리에 입각해야 한다.

또한 근무평정에서 교감·교장의 비중을 3분의 1 이하로 낮춘다는 것은 학교 구성원의 합의로 학교민주주의가 실현될 수 있는 가능성을 보여 준다. 현행 근무평정은 교감·교장 중심 체제였음을 부인할 수 없다.[6] 사실상 동료들의 관계성이 제대로 발현되기 어려운 구조이다. 대부분의 교원단체에서 현행 교원능력개발평가를 문제 삼고 있지만, 정작 학교장 1인 중심의 근무평정제도의 비민주성과 역효과에 대해서는 별 목소리가 없는 점은 안타깝다. 오히려 기존의 근무평정제도가 지닌 결정적인 문제인 학교장의 역할과 비중을 대폭 줄이고, 동료 교원과 학생의 비중과 역할을 강화하는 것이 교직 문화 개선에 도움이 되지 않을까? 학교민주주의의 가치를 근무평정제도의 개선에도 확장시킬 필요가 있다.

대부분의 교사들은 학교 내에 문제가 있는 교사가 누구인지 알고 있으나 거론하기를 꺼린다. 공론화되어 봤자 실효적인 대책으로 이어지

---

6 교감·교장이 문제가 있다는 뜻은 아니다. 현행 제도가 특정인에게 권한이 집중되는 한계를 지닌다는 뜻이다.

지 않는다는 것을 알고 있기 때문이다. 교사 입장에서 평가받는다는 것 자체에 기분 나쁠 수 있지만, 전문직의 본질과 속성에 대해 고민할 필요가 있다. 외부로부터 인정받지 못하는 전문직은 '그들만의 리그'일 수밖에 없다. 매우 강력한 안이지만, 전국시도교육감협의회와 교원단체의 반발에 부딪힐 가능성도 높은 안이라 볼 수 있다. 전제와 과정이 민주적인 절차에 의해 운영되고, 교원에게 평가 권한을 일정 부분 주는 방식으로 이루어진다면, 근무평정 개선과 교원능력개발평가를 함께 묶어서 개선하는 방식도 모색할 필요가 있다.

학교자치 모형(공동체 모형)에 대한 가능성

학교별로 구성원의 자율적인 판단에 따라 운영하는 가장 민주적인 형태라 볼 수 있다. 이는 진보적인 교원단체의 의견을 반영한 안으로 보인다. 일부에서 정책으로 도입되고 이슈화되고 있는 학교자치7 모델과도 맞아떨어진다. 이 안은 지향점은 분명하나, 현재 학교 상황과 문화, 제도와는 동떨어질 수 있다는 우려가 존재한다.

현행 인사제도 안에서 학교 내 판단 권한은 상당 부분 학교장이 가지고 있는데, 이 방식의 유지와 교사 온정주의가 작동할 때 위협 요인으로 작용할 것이다. 학생과 학부모에게 공간이 열리지 않는다면 구조적인 모순으로 인해 결국 학생과 학부모는 교원능력개발평가에 있어 목소리

---

7 전북에서 최초로 조례를 만들었다. 현재 법적 근거는 없는 상황이다.

를 내기 어렵다는 결론이 나온다.

지도력 부족 교원에 대해 1년의 유급 또는 무급 학습연구년을 부여한다면 예산 문제도 있지만, 어떤 이들을 선발하느냐가 당장 문제가 된다. 모든 교사가 학습연구년을 하고 싶어 하는 상황에서 도덕적 해이가 될 가능성도 있다. 이 모형을 적용하게 되면 지도력 부족 교원의 경우에는 제도의 강제성을 띠기 어렵고, 학교 자체에서 해결토록 하는 것 같아 매우 우려스럽기도 하다. 학교 공동체 내에서 볼 때 문제를 일으키는 일부 교원에 대해 자체적으로 노력해 보고, 어려우면 교육청이나 교원단체, 전문가 등이 함께 팀을 꾸려서 해당 교원에 대해 컨설팅하고 일종의 행정 처분을 내리는 방안도 검토해 볼 만하다.

교사는 국가직 공무원(공립학교 기준)인데 어떻게 학교마다 다른 기준으로 접근할 것인지도 판단해야 한다. 사립학교의 경우 인사권을 학교에서 갖고 있는데, 우수하게 운영되는 곳도 있지만 그렇지 않은 학교가 있다는 것을 감안했을 때 교원능력개발평가의 권한을 학교에 주는 것은 우려스러운 부분이 있다. 이는 미국이나 유럽처럼 단위학교에서 인사권을 가지고 있을 때나 가능한 것이다.[8]

예를 들면, 과거에는 교육청이 학교 평가를 강제하였으나 근래 들어 17개 시·도 교육청은 학교 자체 평가로 전환하여 실시하고 있다. 과거처럼 교육부나 교육청이 강제하지 않는다는 뜻이다. 그럼 학교 자체 평

---

8 미국이나 유럽에서는 교원의 경우 단위학교에서 임용·면직이 가능한 지역이 있다.

가가 의도대로 학교 문화 개선, 교원의 성장, 교육 주체의 참여로 이루어지고 있을까? 여기에 대한 연구는 부족하지만 교원과 학생, 학부모는 대부분 답을 알고 있다. 학교 편차가 상당히 심한 편이고, 일부는 형식적인 상태로 행해지는 학교가 상당수이다. 취지와 달리, 온정주의·편의주의가 결합되면서 학교교육의 질 개선을 위한 공동체의 거버넌스 구조로 이어지지 못하고 있다는 비판도 있다. 학교자치 안은 학교자치의 제도 속에서 나아가야 할 방향임은 분명하지만, 피드백과 실효성을 담보할 수 있는 구조와 문화를 어떻게 구현할 것인가의 과제가 남아 있다.

환류 모형(절충 모형)에 대한 가능성

기존 교원능력개발평가를 만족도 조사로 변경하는 것과 부적격 교원 정책을 분리하는 것이 핵심이다. 일정 점수 이하를 받은 이들에게 성장의 과정을 주는 6개월 유급 자율휴직을 수행한다는 것도 매력적인 접근이라 볼 수 있다. 지금까지는 점수가 낮은 교원에 대해서 징벌적 성격의 연수를 시행했는데, 성장의 단계를 고려한 접근이라 보인다. 평가 횟수도 2회로 운영해서 교사에게 정책적 피드백을 준다는 것도 학부모 입장에서는 현실적인 접근이다. 대학의 경우 강의 평가가 2번 이루어진다. 중간에 실행되는 이유는 학생들의 피드백을 반영하여 교수·학습 방법의 즉각적 개선으로 이어지게 하려는 의도로 보인다. 만약 교원능력개발평가가 교사의 수업 능력에 대한 피드백을 목적으로 한다면 2회로 실시할 수도 있을 것이다.

다만 도입하게 된다면 행정적인 부분을 어떻게 간소화할 것인지는 정책 당국(교육부) 차원에서 고민이 필요하다. 지금처럼 행정력을 총동원하는 방식에서 벗어나 SNS 등을 활용하고, 학교(교육 3주체)에 일정 부분 재량권을 준다면 도입 가능하지 않을까 생각한다. 평점이 일정 기준 이하로 낮은 교원에 대해서 시·도 교육청별 단계적 지원안을 마련하는 방향은 교육자치의 상황과 맞아떨어진다. 현재 국가직 공무원을 유지하고 있는 상황에서 시·도별로 크게 차이가 날 경우 형평성 차원에서 문제가 될 우려는 있다. 일정 가이드라인은 교육부에서 만드는 것은 필요해 보인다.

교원능력개발평가와 교원 연수 연계 방안의 필요성

현행 교원능력개발평가는 평가라는 일차적인 목적을 갖지만, 교원의 역량 강화와는 크게 관련이 없다. 그래서 대다수의 교원단체가 반발하고 있는 상황이다. 정책 추진 초기에는 이를 보완하기 위해 기준 점수 4.5 이상의 우수 교원에 대해서 매우 제한적으로 혜택을 볼 수 있는 학습연구년[9] 제도를 도입하기도 했지만, 40만 교원에 비해 턱없이 부족한 운영으로 인해 일반 교원은 거의 혜택을 보지 못했다. 그마저도 정책 초기에 비해 파급력과 영향력이 줄어들고 있는 상황이다.

---

9 시·도 교육청마다 명칭이 다르다. 교원능력개발평가 우대 정책으로 시작하였으나 시·도 교육청으로 확산되면서 명칭이 약간씩 달라졌다. 교원 사이에서는 대개 '교원 연구년 제도'로 불리고 있다.

한편 교원의 역량 강화는 주로 교육청의 직무연수와 자율연수를 중심으로 이루어지고 있다. 하지만 직무연수로는 교원의 역량이 강화되지 못한다는 사실을 교원이라면 잘 알고 있다. 다만 성과금 책정 시에 일정 기준 이상의 점수를 획득하여 등급을 향상시키려는 목적이나, 승진 경로에 있어서 매년 60시간 이상의 연수 시간은 확보해야 하는 정도의 의미만을 부여하고 있는 실정이다.

교육청의 직무연수는 교사들의 요구를 반영하기 힘들고, 연구사마다의 개인차가 크다. 이런 상황에서 교사들은 어차피 이수해야 하는 60시간 연수이므로 사이버 연수 쪽으로 눈을 돌린다. 사이버 연수는 직무연수에 비해 종류가 다양하고, 교원의 직무와 무관한 성격의 문화·예술·엔터테인먼트 등이 많다. 이 시장이 갈수록 커지고 있으나, 이 또한 실제 교원의 역량과는 무관하고 많은 비용에 비해 효과성은 검증된 바가 없다.

가장 큰 문제점은 40만 교원에게 값비싼 사이버 연수를 종용하는 상황을 초래했다는 점이다. 학교별로 차이가 있지만, 실제 성과금 기준에서는 연수 시간이 몇 시간인지에 따라 차이가 크다. 60시간인 곳도 있지만, 120시간 혹은 180시간이 최고점인 곳도 있다. 연수의 내용과 질보다는 정량적 기준만 채우면 성과금 기준을 채우는 실정이다.[10]

10 현재 이런 현상에 대한 비판 여론과 자성의 목소리가 커지면서 연수(시간) 점수 기준을 60시간으로 하향하는 학교가 많아지고 있는 추세이다.

또한 정량적인 연수 성적은 교원승진가산점 개요의 연수성적평정(교육성적)에서 직무연수의 항목으로 들어가고 있다. 10년 이내 이수한 60시간 이상의 연수 항목이 정량적인 방식으로 가산되는 방식이다. 내용과 상관없이 60시간을 채우면 만점이 되는 것이고, 채우지 못하면 승진에 있어 손해를 보는 구조이다. 특히 승진하기 전 연수점수 95점 이상이 1년간 1개씩 총 2년간 2개가 필요한데, 이 방식이 교원에게는 폭력적으로 다가오고 있다.

앞서 밝혔듯이 연수제도와 교원능력개발평가 개선안이 상호 연계될 필요성이 있다. 매년 승진을 위해 받아야 하는 60시간 연수 구조를 개선하여, 교원능력개발평가가 일정 기준 이상이면 60시간 점수를 대체할 수 있다는 내용을 신설하는 방안도 좋은 아이디어가 될 수 있을 것이다. 우리나라의 교육정책은 결과를 확인하기 어렵다 보니 투입지표를 지나치게 강조한다. 예컨대, 연수를 몇 시간 이수했는가를 중시하는데, 대학원을 다니든, 온오프라인 연수를 다니든, 학습공동체에 참여하든, 개인적으로 공부를 하든 투입에 대해서는 교사의 자율성에 맡기고, 학생들의 수업만족도 평가나 동료 교원 다면평가가 어떠한가를 확인하는 방식으로 전환할 필요가 있다. 대학의 경우 법적으로 이수해야 할 교육이나 연수를 제외하고는 대체적으로 교수들의 자율에 맡긴다. 심지어는 복무도 비교적 자유로운 편이다. 하지만 강의 평가나 연구 실적 등에 대해서는 엄격하게 따진다.

투입지표 중심의 행정 체계에서 벗어나서 과정 내지는 결과 중심 지표를 보다 살피는 방식으로 전환한다면 교육청이나 교육부의 행정적 부담도 덜 수 있다. 연수를 몇 시간 받았느냐보다는, 어떤 수업의 질을 보였고, 동료 교사와 학생들의 반응은 어떠했는가가 더 중요하게 확인해야 할 사실 아닐까? 절대평가를 적용하되, 일정 수준에 도달하지 못한 교원에 대해서는 교육청 차원에서 단계별 지원 정책을 모색하고, 탁월한 성과를 보인 교원은 공유와 나눔의 장에서 학교 안팎으로 스포트라이트를 받게 해야 한다.

1. 단기안 : 승진 시 연수 방식 개선

교원이 승진 점수를 채우려면 매년 60시간 직무연수를 받거나, 또는 교원능력개발평가 4.0 이상인 경우에 이를 대체할 수 있도록 한다.

교감·교장 승진 시 현행 직무연수에서 95점 이상을 2번 받아야 한다는 것을 폐지하고, 교직 경력 20년간[11] 교원능력개발평가에서 4.0 이상이 5번 이상 나와야 한다거나, 또는 3.0 이상이 10번 이상 나와야 한다는 것을 기재한다. 시·도 교육청의 교육전문직원의 응시 자격에도 교육 경력 중 4.0 이상이 5번 이상이 나온 이들에게만 지원이 가능하도록 명시한다.

---

11 승진하기 위한 최저경력이 현행 20년이다.

2. 중 · 장기안 : 연수총량제 도입

교원능력개발평가 점수가 일정 기준을 넘으면(예를 들어 3.0) 교원 연수에 대해 매년 50~100만 원가량 복지포인트를 지원하는 방식을 도입한다. 이 예산을 마련하기 위해서는 교육청의 불필요한 직무연수를 줄이고 '연수 총량제'[12]로 접근하는 방식을 도입한다.

지원된 복지포인트로는 대학원 수강, 자율연수, 사설 학원 강의 등을 자유롭게 들을 수 있도록 한다. 만약 일정 기준을 넘지 못한 이들에게는 인센티브를 부여하지 않고, 개인 비용으로 일정 시간 관련 연수를 듣고 성장 계획서를 교육청에 제출하도록 한다.

---

12 교육청 내 모든 연수기관(본청, 지역 교육지원청, 직속기관)의 무분별한 연수를 막고, 질 개선을 하기 위한 정책이다. 시·도 내 교원의 숫자 대비 연수 시간을 일정 시간으로 한정하고, 그 범위 내에서 정책기획과 예산을 활용하는 방식이다.

나가며

2020년 1월에 이 책의 집필을 시작했다. 마무리하는 시점인 2020년 12월 현재, 코로나19는 우리나라를 포함한 전 세계에서 모든 이슈를 잠식해 버렸다. 코로나19로 인해 바뀌지 않을 것 같았던 많은 것들이 바뀌었다. '강제로 소환된 미래'라는 표현이 어울릴 정도로 우리는 현재 상상조차 하지 못한 현실을 마주하고 있다. 더 나아가 교육계는 사상 초유의 개학 연기, 온라인 개학이라는 생소한 현실을 마주했다. 지난해까지만 해도 생각지 못했던 비대면 온라인 수업이 공교육에 전격적으로 도입되기도 했다. 물론 아직 갈 길은 멀지만 '설마 가능할까', 하고 의구심을 가져 왔던 많은 일들이 지금은 일상이 되어 가고 있다.

코로나19는 제도적 · 문화적으로도 많은 것을 변화시켰다. 기업의 회식 문화도 바뀌었고, 재택근무도 일상화되었다. 온라인 강의, 온라인 회의, 온라인 수업 등 많은 것이 바뀌고 있다. 보수적인 교육계에도 변화의 바람이 불고 있다. 교육부나 교육청 등 상급기관에 의존적이기만 했던 학교가 자치 역량을 키워 가기 시작했고, 4050세대가 주도했던 학교 문화는 2030세대 중심으로 재편되고 있다.

하지만 아직도 넘어야 할 산이 많다. 승진, 호봉제 임금 등 대부분의 인사제도가 경력자 중심으로 운영되고 있으며, 포스트 코로나 시대의 주역으로 떠오르고 있는 2030세대에게는 별다른 인센티브가 주어지지 않는다. 향후 학령인구 감소와 지역소멸로 인해 학교 수는 줄어들 수밖에 없는 상황에서 기존 승진제도(승진가산점)나 호봉제의 임금 체계는 2030세대에게 매력적이지 못하다. 교원 임용시험의 경직성으로 인해 암기의 달인이 된 까닭에 교직에 입문하자마자 번아웃되어 버린 이들도 있고, 워라벨을 외치면서 자신만의 길을 걸어가는 고립주의도 늘고 있다. 물론 이러한 현상은 사회 전반에 걸쳐 나타나는 양상이기도 하다.

문제는 교원 인사제도의 경직성이 다른 조직보다 심각하다는 데 있다. 일반 기업에서는 20대 과장도 나오고, 30대면 대부분 과장급 반열에 오른다. 30대나 40대 CEO도 흔하게 볼 수 있다. 그럼 교직은 어떠한가? 일단 학교장이 되려면 최소 50대는 되어야 하고, 교육전문직원(장학사·교육연구사)도 40대가 주를 이루고 있다. 물론 시·도별로 다양한 사례가 있겠지만, 일부 시·도는 50대가 다수를 차지하기도 한다. 이러한 실태가 교직을 더욱 보수화시키고, 제도적·문화적으로나 경직되게 만들고 있다. 2030세대의 젊은 교사들이 자신의 역량을 펼칠 기회를 찾기보다는 워라벨을 선택하는 것도 나무랄 일만은 아니다.

물론 나이가 많다는 게 무능력하다는 뜻은 결코 아니다. 나이와 연륜만이 합리적인 인사제도의 필요충분조건이 되어서는 안 된다는 뜻이다. 온라인 개학 상황에서 온라인 플랫폼에 더 익숙한 젊은 교사들이 학생들과 쌍방향 소통을 하며 온라인 개학에 필요한 역할을 훌륭히 해 내고 있다. 이는 뉴스나 각종 매체에서도 연일 보도되고 있는 사실이다. 위기는 기회라고 했던가? 이런 기회에 저마다 역량을 가진 젊은 교사들에게도 한 번쯤 기회를 줄 수 있는 제도가 만들어질 수는 없을까?

　현재 상황에서 교원 모두가 스스로 역량을 발휘할 수 있도록 유도해 내기 위해서는 무엇보다 제도의 유연성이 필요하다. 제도의 혁신이 이루어지려면 기존 제도는 당연히 혁파되고 전환되어야 한다. 시대의 흐름을 역행하는 기존 제도는 분명 많은 문제를 양산해 낼 것이고, 언젠가 한계에 다다를 것이다. 그 전에 바꿀 수 있도록 노력하는 것이 제도와 정책을 설계하는 이들의 책무가 되어야 한다.

　인사가 만사라고 한다. 하지만 교원 정책(교원 인사제도)에는 정답이 없다. 저마다 입장과 생각이 다르다. 교원의 역량 강화에 대한 고민 없이 승진가산점만으로 교원 정책을 대표한다고 말하는 이들, 기존 승진을 준비했던 10~15%를 위해서 제도를 바꿀 수 없다는 이들에게 코로나19 같은 상황을 어떻게 받아들여야 하는지 묻고 싶다. 승진제도를 준비했던 10~15%가 아니라 85~90%의 평범한 교원이 움직일 수 있는 제도를 만들어야 하고, 시대의 변화에 유연하게 대처하기 위해서 기존 제도를 혁신할 필요도 있다. 교원 인사제도만이 성역인 것처럼 부여잡고 30년 전의 잣대로 학교와 교원을 재단하지 않았으면 한다. 쉽게 말해 교감·교장·교육전문직원만이 주목받는 제도가 아닌, 학교와 교원 전체를 아우를 수 있는 제도의 도입이 필요하다.

물론 기존 승진제도나 인사제도를 믿고 준비했던 이들을 위해 출구전략과 연착륙 방안은 반드시 필요하다. 그러나 그 시기와 방식은 제한적이어야 한다. '혁신교육 10년'이라지만 인사제도만큼은 아직도 전보제와 승진제도를 논하는 초보적인 수준에 머무르고 있다. 실천성 강했던 교사들이 교육청에 들어가서 기존 관료보다 뛰어난 역량을 발휘하고 개혁했다는 이야기는 들리지 않는다. 오히려 인사담당 부서가 과거보다 더 경직되었거나 비슷하다는 평가마저 나오고 있다. 왜 그럴까? 학습이 필요했던 시기에 기능에만 집착했기 때문은 아닐까? 적어도 정책이란 분야는 이상을 실현하기 위해 학습하고 노력한 이들에게만 길이 보이는 영역이기 때문이다. 어떤 이들은 "내가 교육청에 들어가면 인사고 뭐고 다 바꿀 수 있다."고 말한다. 이 말은 10년 전에도, 20년 전에도, 그리고 교육자치가 도입되기 전에도 하던 말들이다. 지금 권력을 잡고 있는 이들이 반성해야 할 대목이다. 교사 시절 자신들이 했던 이야기와 지금 교육청 요직에서 실권자, 실무자로서 역할을 하며 하는 이야기가 다르다는 것은 분명 큰 문제이다. 자신의 직위나 위치에 따라서 말을 달리한다면 시중에 흔한 정치인과 다름이 없다.

바꿀 수 있다고 큰소리치던 이들은 과연 제도에 대해 얼마나 학습하고 있는가? 교원 정책은 전문 영역이다. 무엇을 바꿀 수 있는지 철학을 가지고 제도부터 학습해야 한다. 일부 교수 그룹이나 교육부, 정부출연 기관, 인사혁신처, 기획재정부 등을 탓하기보다 시·도 교육청에서 무엇이 문제였고, 과연 제대로 교원 정책을 실현했는지 돌아볼 필요가 있다. 지금 교원 정책은 혁신교육에 있어 가장 큰 걸림돌로 작용하고 있다. 법령을 탓하기 전에 시·도 교육청 재량권 내에서의 고민부터 시작해 봐야 한다. 10년간 교육자치 기회가 주어졌지만 그 역할을 충분히 하지 못했다면 권한 회수는 불가피할 것이다. 과거 정권에서 시작된 교원자격 체제의 혼란(중초교사), 영어회화 전문강사·스포츠강사, 교원 정년 단축과 대규모 명퇴, 수석교사 미선발 등 우리는 교원 정책과 관련하여 수없이 많은 혼란과 갈등을 겪어 왔다. 이는 무엇보다도 교원 정책 전문가가 시·도 교육청 내에 없다는 것이 주요 원인일 것이다.

교원 정책은 시대의 흐름에 맞춰 변해야 하고, 그 중심에는 교원 역량 강화가 있어야 한다. 큰 그림을 그리고, 이후 미시적인 그림을 그리기까지 최소 3~5년은 걸릴 것이다. 현재 학교와 교원이 겪고 있는 어려움이 무엇인지 돌아보는 것부터 시작해서, 고교학점제나 지역소멸, 학령인구 감소 같은 시대적 상황과 요구 등을 세밀히 살피며 접점을 찾아가는 노력이 필요하다. 한번 정책과 제도가 시행되면 10~20년 동안 이어지기에 미래사회를 내다보고 제도를 만드는 것이 매우 중요하다. 이 과정에서 젊은 세대의 역할이 중요하다. 경직되지 않은 시각을 가진 이들을 두루 교원 정책 전문가로 성장시킨다면 시대의 흐름을 반영하는 데 큰 도움이 될 것이다.

후배 교사들이 젊었을 때부터 승진을 위해 농어촌과 벽지를 오가며 승진 계획을 짜는 것을 자주 보았다. 필자는 그들에게 주문하고 싶다. 승진하게 될 15~20년 후에 현재의 승진제도가 남아 있을지 먼저 의문을 가져 보라고. 그보다는 바로 자신을 위한 정책 분야인 교원 정책에 천착해서 해당 분야의 전문가가 되어 보는 게 어떠냐고. 교원 정책은 쟁점이 많지만, 상대적으로 전문가가 없고 매력적인 블루오션이기 때문이다. 교원 스스로 이 분야의 전문가로 나선다면 교육부나 정부출연연구기관, 또는 교수 그룹보다 현장 감각과 실천력이 좋은 정책이 나올 수 있을 것이다.

문재인 정부가 집권하면서 교육자치와 인사 영역에서 많은 것이 바뀌었다. 내부형 교장공모제 자율학교 50% 가능, 교원 임용시험의 시·도 재량권 확대, 교장자격연수의 시·도 연수기관 지정, 1정 자격연수의 절대평가화 등이 떠오른다. 이러한 제도의 변화가 하루아침에 갑자기 이루어졌을까? 그렇게 생각한다면 큰 오산이다. 일례로 1정 자격연수의 절대평가화는 아이디어 제시에서 실제 정책 시행까지 정확히 7년이 걸렸다. 이 더디고 복잡한 과정을 지켜본 사람으로서 가치 있고 의미 있는 변화라고 생각한다. 향후 교감공모제 도입, 교직원회·학부모회·학생회 법제화 등 다양한 시도와 변화가 예고되어 있다. 우리가 생각지 못했던 교원 양성기관 구조조정 문제(교육전문대학원 도입), 일반행정직 사무관 시험이나 교원 자격체제 변화, 행정교사제 도입, 교원 지방직화 문제, 교원 정년 연장과 직무급제 도입 등 다양한 난제도 있다.

교육도 마찬가지지만 교원 정책은 소위 진보와 보수의 밥그릇 싸움터가 아니다. 그저 변화되는 교원 정책과 제도를 피동적으로 쫓기만 할 것인가, 아니면 스스로를 위한 미래를 직접 만들어 갈 것인가? 이는 제도를 단순히 순응하여 수용할 것인가, 미래를 예측하고 움직일 것인가로 귀결될 것이다. 전자인 경우 일부 변화의 두려움 속에 저항하다 도태되는 초라한 말로를 겪기도 한다. 이 책은 교원 정책의 미래 방향성을 담고 있다. 서두에 밝혔듯이 정답은 없다. 판단과 선택은 당신의 몫이다.

— 2020년 12월 김성천, 신범철, 홍섭근 기록

참고문헌

들어가며

- "괴물 잡겠다고 검사 됐는데 우리가 괴물이더라", 한겨레, 2017년 9월 22일자 http://www.hani.co.kr/arti/society/society_general/812188.html

1장 | 교원 인사제도와 교원 정책

- 김이경, 박상완, 이태상(2005). OECD 한국 교원 정책 검토 결과에 대한 비판적 분석, 한국교육, 32, 297-319.
- 사공영호(2015). 제도와 철학, 서울: 대영문화사.
- 신범철, 이예슬, 박균열(2019). 교원 정책 연구 동향 분석, 한국교원교육연구, 35(2). 211-240.
- 신범철(2020). 교원 승진제도의 탈제도화 현상, 박사학위논문, 고려대학교 대학원.
- 신현석(2010). 한국의 교원 정책, 서울: 학지사.
- 윤종건(2001). 한국 교원 정책의 쟁점과 교육의 질 향상 과제, 한국교원교육연구, 18(5), 112-127.
- 한국교육행정학회(1996). 교육제도론, 교육행정학전문서2. 서울: 도서출판 하우.
- 한국교육행정학회 편(2013). 한국교육행정학 연구 핸드북, 서울: 학지사.

2장 | 교원 승진제도

- 경기도교육청(2016). 장학(교육연구)관 상위자격취득을 위한 평정실시계획, 경기도교육청.
- 교육인적자원부(2005). 교원 승진임용제도 개선 방안, 교육인적자원부.

- 김갑성(2014). 주요국의 학교 인력 구조 및 직무 특성 연구, 한국교원교육연구, 31(4), 275-297.

- 김병찬(2008). 1급 정교사 자격연수제도의 명明과 암暗: 1급 정교사 자격연수 과정 사례 연구, 한국교원교육연구, 25(3), 135-164.

- 김성천(2011). 혁신학교란 무엇인가, 맘에드림.

- 김성천 외(2014). 교원과 전문직원 임용제도 혁신방안 연구, 경기도교육연구원.

- 김성천 외(2017). 교육공무원 인사제도 혁신방안 연구, 교육문화연구, 23-3, 5-29.

- 김성천 외(2018). 학교자치, 테크빌교육.

- 김영인 외(2016). 미래를 준비하는 교육공무원 인사제도 혁신방안 연구, 경기도교육청.

- 박상완(2004). 교육행정전문직으로서 교장직 정립을 위한 교장임용제 개혁, 한국교원 교육연구, 21(1), 223-251.

- 박장웅(2014). 학교폭력 예방 기여 조사 승진가산점에 대한 교원 인식 분석, 인문사회 과학연구, 15(3), 319-348.

- 서정화, 송영식(2004). 교원다면평가제도에 관한 연구, 한국교원교육연구, 21(1), 29-51.

- 성준우, 허병기(2015). 승진가산점을 위해 벽지 학교 전보를 희망하는 교사들의 교직생 활에 관한 사례 연구, 교육행정학연구, 33(3), 293-321.

- 신범철(2020). 교원 승진제도의 탈제도화 현상, 박사학위논문, 고려대학교 대학원.

- 유재환(2014). 학교장 직무 역량 설정과 승진 구조와의 연계성 분석, 교육문제연구, 20(1), 101-123.

- 이종재 외(2004). 교원 정책 혁신방안연구: 교원 인사제도를 중심으로, 한국교육개발원.

- 조무현(2015). 학교 내 청소년단체 활동 승진가산점에 대한 인식 분석: 전라북도 교원 인식을 중심으로, 한국자치행정학회, 29(1).

- 조영표(2014). 교원 승진정책 분석, 석사학위논문, 목포대학교 교육대학원.

- 주삼환(2004). 한국과 미국의 학교장 양성과 전문식석 능력 개발에 관한 비교연구, 한 국교원교육연구, 21(3), 389-409.

- 주철안, 김혜진(2012). 한국과 영국의 학교장자격 연수 과정 비교, 교사교육연구, 51(3),

238

535-554.

- 최창의 외(2015). 시·도 교육청 혁신학교 정책 비교 연구, 경기도교육연구원.

- 최환영 외(2015). 교원 인사제도 혁신 방안 탐색, 인천교육정책연구소.

- 한국교원단체 총연합회(2003). 교원 승진제도, 어떻게 개선할 것인가, 한국교원단체 총
  연합회.

- 한국교육개발원(2004). 교원 인사제도 혁신 방안 수립을 위한 공청회, 한국교육개발원.

- 한국교육개발원(2010). 학교 선진화를 위한 학교장 리더십 강화 방안 연구, 한국교육개
  발원.

- 한국교육연구네트워크(2013). 교장제도혁명, 살림터.

3장 | 미래학교와 승진제도 변화

- 권정현, 김도기, 문영빛(2015). 역사적 신제도주의 경로의존성 관점에서의 교장공모제
  제한 요인 분석, 교육행정학연구, 33(3), 1-28.

- 김경애(2015). EPP모델을 활용한 초등 교사들의 핵심역량 분석에 관한 연구, 한국교원
  교육연구, 32(2), 1-32.

- 김대유(2011). 교장공모제 정책 결정 과정의 분석 및 교육지원청 체제 개편에 관한 연
  구, 교육문화연구, 17(1), 5-31.

- 김병찬(2000). 교사 교육의 패러다임 변화, 한국교원교육연구, 17(3), 113-141.

- 김성천, 홍섭근, 김영인(2017). 교육공무원 인사제도 혁신 방안 연구: 경기도교육청 승
  진제도를 중심으로, 교육문화연구, 23(3), 5-29.

- 김성천 외(2018). 교육전문직의 모든 것, 테크빌교육.

- 김영인 외(2016). 미래학교를 준비하는 교육공무원 인사제도 혁신방안 연구, 경기도교
  육청.

- 나민주, 이차영, 박상완, 김민희, 박수정(2009). 교장공모제의 공모교장 직무 수행에 대
  한 효과 분석, 교육행정학연구, 27(3), 297-320.

- 박상완(2015). 역사적 제도주의 관점에서 교장공모제 제도 변화 분석: 정책의 변화와

경로의존성을 중심으로, 교육행정학연구, 33(3), 323-350.

- 박영숙, 양승실, 황은희, 허은정, 김갑성, 김이경, 전제상, 정바울(2017). 교직 환경 변화에 따른 교원 정책 혁신 과제(I): 교원 양성 및 채용 정책의 혁신 과제, 한국교육개발원(RR 2017-06).
- 신범철(2020). 교원 승진제도의 탈제도화 현상, 박사학위논문, 고려대학교 대학원.
- 이광현(2018). 교장공모제와 정책 변동 방향에 관한 연구, 교육정치학연구, 25(3), 185-214.
- 이수광 외(2016). 4.16 교육체제의 비전과 전략, 경기도교육연구원.
- 이준희, 최환영, 고의숙, 김권호, 이정희(2017). 교육과정 중심의 교원 인사정책 개선 방안 연구.
- 전국시도교육감협회외 사무국(2019.11). 교원 승진제도 개선안.
- 전수빈, 김갑성, 이효정, 박인심(2018). 교장공모제 쟁점에 대한 학교 구성원의 인식, 한국교원교육연구, 35(2), 265-287.
- Ikenberry, G. John(1988). Conclision: An Institutional Approach to American Foreign Economic Policy. International Orgnization, 42(1), 1-14.
- Knight, J.(1992). Institutions and social conflict. Cambridge University Press.
- Mahoney, James&Kathelen Thelen(2010). Explaining Institutional Change: Ambiguity, Agency, and Power. Cambridge: Cambridge University Press.
- North, D. C.(2005). Understanding the Process of Economic Change. Princeton: Princeton University Press.
- OECD(2001). What School for the Future?. Paris: OECD
- Pineau, E. L.(1994). Teaching is performance: Reconceptualizing a problematic metaphor. American Educational Research Journal, 31(1), 3-25.
- Selznik, Philip.(1957) Leadership in Administration: A Sociological Interpretation. New York: Harper&Row.
- Streeck, Wolfgang&Kathleen Thelen(2005). Beyond Continuity: Institutional Change in

Advanced Political Economies. New York: Oxford University Press.

- Thelen, Kathleen(2003). How Institutions Evolve: Insight from Comparative Historicall Analysis. Comparative Historical Analysis in the Social Sciences. New York: Cambridge University Press.

- Toffler, A.(2001). 위기를 넘어서 21세기 한국의 비전, 정보통신정책연구원 연구보고서, 01-08.

4장 | 학교장 자격 및 연수제도

- 경기도교육청(2017). 학교장 리더십 아카데미 도입을 위한 정책 지원방안 연구.

- 경기도교육청(2019). 미래교육교원리더십아카데미 교감과정 교육과정(안).

- 경기도교육청(2019). 미래교육교원리더십아카데미 교사과정 교육과정(안).

- 김도기, 문영빛, 권순형, 문영진(2016). 교장 자격연수 교육에 대한 교육행정학 지식 기반의 반성과 과제, 교육행정학연구, 34(1), 47-71.

- 박상완(2004). 교육행정전문직으로서 교장직 정립을 위한 교장임용제도 개혁, 한국교원교육연구, 21(1), 223-251.

- 박영호(2011). 학교장의 리더십 역량모델 연구, 박사학위 논문, 성균관대학교 일반대학원.

- 신현석, 안선회(2015). 학습사회의 교육행정 및 교육경영, 서울: 학지사.

- 신현석, 이예슬, 정양순, 신범철(2018). 역사적 신제도주의와 정책흐름모형을 활용한 교장임용제도 변화 분석, 한국교원교육연구, 35(3), 455-490.

- 유재환(2014). 학교장 직무 역량 설정과 승진 구조와의 연계성 분석, 교육문제연구, 20(1), 101-123.

- 정금현(2007). 교장의 권한 확대가 학교 변화 및 혁신에 미치는 영향: 초빙공모교장제 운영에 관한 교장들의 인식을 중심으로, 교육행정학연구, Vol.25 No.1,

- 조윤정, 주주자, 이근진, 남미자, 이승준, 정우진(2016). 단위학교 혁신을 위한 학교장 직무역량 체계 개발 및 수준 분석, 경기도교육연구원.

- "교사 56.2%, 학교장 권한집중 · 승진제도 민주적 학교 걸림돌", 뉴스1, 2019년 5월 15일자. https://www.news1.kr/articles/?3621704
- "서울, 교장 승진제 손질 시사…현장 우려", 한국교육신문 2017년 6월 23일자. http://www.hangyo.com/news/article.html?no=81662

5장 | 교원 신규임용제도

- 경기도교육연구원(2012-2014). 초 · 중등 임용고사 정책 제안(1-5) 정책개발팀, 내부문건.
- 경기도교육청(2013). 임용고사 관련 정책에 대한 검토 보고서(북부청사), 내부문건.
- 경기도교육연구원(2014). 초 · 중등 임용고사 개편 로드맵, 정책개발팀, 내부문건
- 경기도교육청(2014). 제16대 경기도교육감직인수위원회 백서.
- 경기도교육청(2015). 교육감 보고자료, 내부문건.
- 경기도교육청(2015). 신규교사 임용고사 제도 개선(안), 내부문건.
- 경기도교육청(2015). 신규교사 임용고사 제도 개선 TF 1-3차 회의 자료.
- 경기도교육연구원(2015). 4 · 16 교육체제 비전과 전략.
- 경기도교육연구원(2014). 교원과 교육전문직원 임용제도 혁신 방안 연구.
- 권동택(2012). 교원 양성, 임용, 연수에서의 인성교육 강화 방안 연구, 교육과학기술부.
- 김민조(2019). 교육평가도구로서 초등교사 신규임용 시험의 성격과 타당도 분석, 초등교육연구, 32(1), 37-65.
- 김성천(2009). 학교 혁신의 핵심 원리: 교장공모제를 실시한 D중학교를 중심으로. 교육사회학연구, 19(2), 59-89.
- 김성천, 홍섭근, 노시구, 이규철, 서용선(2014). 교원과 교육전문직원 임용제도 혁신 방안 연구, 경기: 경기도교육연구원.
- 김성천, 홍섭근, 정영현(2017). 초등 교사 임용후보자 선정경쟁시험의 문제점과 개선 방향 탐색: K교육청의 2차 개선안을 중심으로, 교육문화연구 23(2), 259-284.
- 김운종(2013). 중등학교 신규교원 선발제도의 개선방안 탐색, 한국교육문제연구, 31(4), 75-93.

- 김창걸, 이봉우, 김창수, 배상만(2005). 교육인사행정의 이론과 실제, 서울:형설출판사.
- 남수경(2006). 사범대학 학생의 임용고사 관련 사교육비 지출 실태 분석, 교육행정학연 구, 24(4), 337-362.
- 법제처(2016). 교육공무원법.
- 법제처(2016). 교육공무원 임용령.
- 시·도 교육청(2019). 초·중등 교원임용고사 공고문.
- 신광호(2002). 초등교원 신규채용 정책의 타당성 분석, 교육행정학연구. 20(1), 143-167.
- 임천택(2008). 초등 국어 임용고사의 실태와 개선 과제, 학습자중심교과교육연구, 8(2), 315-330.
- 조동섭(2009). 교원임용시험 소수인원 선발과목의 전형체제 개선방안, 한국교육과정 평가원.
- 최돈형(2004). 2005학년도 교원임용 시험제도 개선 계획. 한국교원대학교.
- "이르면 내년부터 초·중등 교원 임용시험 개편된다", 뉴스1, 2016년 8월 17일자. https://www.news1.kr/articles/?2749394

6장 │ 교육자치 시대의 교육전문직원과 교육행정직 공무원

- 강영삼(2004). 교육전문직의 문제와 개선 방향, 교육논총, 23(1), 37-63.
- 강희종(2005). 교육행정가들이 지각한 교육장의 지도성과 역할수행상의 갈등 연구, 박 사학위논문, 건국대학교 대학원.
- 강희종(2010). 교육전문직 전문성 향상을 위한 인사제도 개선 방안 연구, 박사학위논 문, 영남대학교 대학원.
- 경기도교육청(2014). 제16대 경기도교육감직 인수위백서.
- 경기도교육청(2016). 미래학교를 준비하는 교육공무원 인사제도 혁신방안 연구, 경기 도교육청.
- 경기도교육청(2019). 2019 학년도 경기교육기본계획, 경기도교육청.

- 경기도교육청(2019). 2019 경기도교육청 교육정책 포럼 운영 계획, 경기도교육청.
- 경기도교육청(2019). 2019 교육전문직원 역량강화 직무연수 운영 계획, 경기도교육청.
- 경기도교육청(2019). 2019 교육전문직원 임용예정자 직무연수 운영 계획, 경기도교육청.
- 경기도교육청(2019). 2019년 6급 공무원 장기교육 과정 운영 계획, 경기도교육청.
- 경기도교육청(2019). 2019 미래교육 교원리더십아카데미 교감과정 교육과정, 경기도교육청.
- 경기도교육청(2019). 2019 미래교육 교원리더십아카데미 교사과정 교육과정, 경기도교육청.
- 교육과학기술부(2009). 학교장·교육수요자 지원심의 지역교육청 기능개편 공모·선정계획(안), 교육과학기술부.
- 교육과학기술부(2010). 선진형 지역교육청 기능 조직 개편방안: 지역교육청에서 교육지원청으로, 교육과학기술부.
- 교육부(2012). 시·도교육감 책무성 확보 방안, 교육부.
- 교육부(2015). 2015년 지방교육재정 분석 추진계획(안), 교육부.
- 교육부(2017). 교육자치와 학교자율화를 위한 첫걸음 내딛다, 교육부.
- 구순란, 김성천, 성현정, 오수정, 오재길, 이경아, 장지혜, 정승환, 한정임, 홍섭근(2018). 교육전문직의 모든 것, 테크빌교육.
- 금창호, 김민희, 안영훈, 이지혜, 하봉운(2011). 지방자치-일반자치 일원화 연구, 한국지방발전연구원.
- 김기옥(1994). 지방자치행정론, 법영사.
- 김남순(2004). 지역교육청, 단위학교를 지원할 수 있어야: 단위학교 발전과 지역교육청의 역할, 교육개발연구, 35(2), 36-40.
- 김딜효(2014). 교육전문직 선발의 생점에 관한 분석: 상학사 선발에 대한 초등교사의 인식을 중심으로, 인문사회과학연구, 15(1), 425-452.
- 김명숙(2012). 지방행정 5급 공무원 심사제도 개선방안에 대한 연구, 석사학위논문, 경

북대학교 행정대학원.

- 김민희(2019). 교육감 소속 지방공무원 심사승진제도 개선 방안에 대한 사례 연구, 예술인문사회융합 멀티미디어논문지, 9(5), 87-97.
- 김성열(1998). 시 · 도교육청의 기능 구조개편 방안, 교육행정학연구, 16(3), 28 - 60.
- 김성천, 정미라, 민일홍(2019). 고교학점제란 무엇인가, 맘에드림.
- 김성천, 홍섭근, 노시구, 이규철, 서용선(2014). 교원과 교육전문직원 임용제도 혁신 방안 연구, 경기도교육연구원.
- 김성천(2018). 혁신학교 정책의 여섯 가지 차원의 딜레마, 교육문화연구, 24(2), 33-55.
- 김성천, 홍섭근, 김영인(2017). 교육공무원 인사제도 혁신방안 연구, 교육문화연구, 23(3), 5-29.
- 김성천, 김요섭, 박세진, 서지연, 홍섭근, 임재일, 황현정(2018), 학교자치, 테크빌교육.
- 김세진(2009). 교육전문직 평가의 준거개발에 관한 연구, 박사학위논문, 홍익대학교 대학원.
- 김수자(2013). 교육전문직의 직무역량 요구분석: 교육지원청 소속 장학사 · 교육연구사를 중심으로, 박사학위논문, 한국교원학교 교육정책전문학원.
- 김수자, 우명숙(2012). 교육지원청 교육전문직의 직무역량 요구분석, 지방정부연구, 16(3), 165-189.
- 김용일 외(2008). 교육전문직 직무 수행 실태연구, 한국교육개발원.
- 김용기(2016). 교육전문직원 선발제도의 문제점 및 개선방안, 미래교육학연구, 29(1), 27-55.
- 김태영(2016). 교사전문성 기반 교사발달 진단 도구의 개발과 분석, 박사학위논문, 강원대학교 대학원.
- 김홍주(1999). 교육행정권한 배분에 관한 연구, 한국교육연구, 26(1).
- 나민주, 박상완, 박수정, 정재훈, 최수영, 강현, 차지철, 채민수, 박성자(2014). 지방교육자치역량 강화방안 연구, 충북대학교 한국지방교육연구소.
- 나민주, 우명숙, 김민희, 박수정, 이수경, 박선주(2017). 시 · 도 교육청 지방사무관(5급)

심사승진제도 개선 방안, 충북대학교 한국지방교육연구소 연구보고서.

- 나민주, 이수경, 우명숙, 김민희, 박수정, 박선주(2019). 5급 지방사무관 승진제도 현황 및 인식 분석, 교육종합연구, 17(4).

- 남수경, 박주병, 김은영(2016). 강원도형 혁신장학 방안: 강원도 교육지원청의 장학활동 활성화방안, 강원도교육연구원.

- 박수정, 모숙례, 홍동옥(2011). 교육전문직의 역할에 대한 AHP 분석, 한국교원교육연구, 28(1), 221-242.

- 박수정, 고경희(2019). 시·도 교육전문직원의 선발 전형 계획 분석, 학습자중심교과교육연구, 19(16), 1098-1120.

- 박영숙, 전제상, 김성기(2010). 교육전문직 인사제도 개선 방안 연구, 한국교육개발원.

- 박주민(2019). 지방공무원 역량 평가 승진제도 발전 방안 연구: 서울시교육청 5급 심사 승진제도 사례 분석, 석사학위논문, 한국교원대학교 교육정책전문대학원.

- 이상철(2012). 교육전문직 전문성 제고를 위한 제도적 과제, 지방교육경영, 16(2), 22-46.

- 이수광, 백병부, 오재길, 이승준, 이근영, 임선일, 이병곤, 강일국, 유성상(2015). 4.16 교육체제 비전과 전략 연구, 경기도교육연구원 기본연구 2015-05.

- 이윤중(2018). 교육지원청 기능 변화에 따른 교육전문직원 인사제도 개선 방안 연구, 박사학위논문, 강원대학교 대학원.

- 이혜숙(2014). 지방교육행정 사무관의 역량 요구 분석, 석사학위논문, 경북대학교 교육대학원.

- 인사혁신처(2015). 고위공무원단 진입을 위한 역량평가 안내.

- 전제상, 주현준, 정성수(2010). 교육전문직 인사제도 개선방안에 관한 인식 분석: 경상북도를 중심으로, 초등교육연구, 23(4), 331-355.

- 정옥진(2018). 지방공무원 역량 평가의 효과성 인식에 관한 연구: 서울시교육청 사례를 중심으로, 석사학위논문, 한국교원대학교 교육성책전눈대학원.

- 주현준(2013). 교육전문직 선발제도 개선 방안 탐색, 지방교육경영, 17(2), 53-70.

- 주효진, 조주연(2011). 교육행정가의 조직문화유형별 수준 진단: 조직문화평가도구

OCAI의 적용, 직업교육연구, 30(4), 113 – 127.

- 진종순(2008). 공무원 역량평가의 효과성 제고방안에 관한 연구, 행정논총, 47(3), 139–163.

- 홍섭근(2019). 교육자치를 위한 시·도 교육청 교육전문직군의 직무역량 진단도구에 관한 연구, 박사학위논문, 단국대학교 일반대학원.

- 홍수영(2014). 5급 지방공무원 승진제도에 대한 공무원 인식 연구, 석사학위논문, 한국교원대학교 교육정책전문대학원.

- 홍창남(2010). 교육전문직의 역할 재구조화 방향 탐색, 교육행정학연구, 28(2), 205–231.

7장 | 교원능력개발평가

- 대법원(2019). 2019다261084 판결문.

- 박도영, 배주경, 이광상, 이명진, 이상하, 이은경, 최인봉(2015). 선행학습을 유발하는 학교 내적 요인에 대한 학생·학부모·교사의 인식 비교, 한국교원교육연구, 31(4), 139–158.

- 변기용, 정양순, 신범철, 윤지희, 이예슬(2018). 교원성과급 제도의 이론적·실천적 문제점과 발전방향 탐색: 3개 초등학교 사례 분석, 교육정치학연구, 25(2), 111-140.

- "부적격 교원 퇴출에 방점? 논란의 교원평가 보고서, 교육부 선택은?", 에듀인 뉴스, 2019년 12월 12일자. http://www.eduinnews.co.kr/news/articleView.html?idxno=24370

교육자치 시대의
인사제도 혁신

2021년 1월 5일 초판 1쇄 발행

지은이 │ 김성천 · 신범철 · 홍섭근

펴낸이 │ 이형세

책임편집 │ 윤정기

편집 │ 정지현

디자인 │ 기민주

제작 │ 제이오

펴낸곳 │ 테크빌교육(주)

주소 │ 서울시 강남구 언주로 551, 프라자빌딩 5층, 8층

전화 │ 02-3442-7783(333)

팩스 │ 02-3442-7793

ISBN │ 979-11-6346-110-4 03370